KB015134

세창철학강좌 002

Philosophische Temperamente. Von Platon bis Foucault
by Peter Sloterdijk

© 2009 by Diederichs Verlag
a division of Verlagsgruppe Random House GmbH, München, Germany

Korean Translation Copyright © 2012 by Sechang Publishing Co.
Korean edition is published by arrangement with Verlagsgruppe Random House GmbH
through BC Agency, Seoul

플라톤에서 푸코까지
철학적 기질 혹은 열정

페터 슬로터다이크 Peter Sloterdijk 1947년 독일 칼스루에에서 태어나, 뮌헨 대학에서 철학, 독문학, 역사학을 공부하고, 함부르크 대학에서 현대 자전문학의 철학과 역사에 관한 연구로 박사학위를 받았다. 1980년 이래 자유문필가로 활동하면서 시대 상황과 그에 대한 나름대로의 진단을 내리며, 종교철학, 심리학, 문화 및 예술이론에 관한 다수의 글과 책을 펴냈다. 현재는 칼스루에 조형대학의 교수이자 총장으로 있으며, 오스트리아 빈 조형예술아카데미 문화철학연구소장, 제2독일 텔레비전(ZDF) '철학 사중주'의 진행자로도 활동하고 있다. 저서로『냉소적 이성비판』,『인간농장을 위한 규칙』,『서양 도가주의』,『자본의 세계 내부에서』,『분노와 시간』,『신의 반지』, 3부작 '영역들'―『기포』,『지구』,『거품』등이 있다.

옮긴이 김광명 서울대학교 철학과(미학전공), 동 대학원 미학전공, 독일 뷔르츠부르크 대학 철학부에서 철학, 사회학, 심리학 연구, 철학박사, 서울대, 이화여대, 외대, 중앙대, 이화여대 강사 역임, 제18회 서우 철학상 수상, 미국 필라델피아 템플대 교환교수 역임, 재단법인 광주비엔날레 이사 역임, 한국대학신문 논설위원, 한국칸트학회 회장 역임, 숭실대학교 사회교육원 원장 및 인문대 학장 역임, 현재 숭실대학교 철학과 교수. 저서로『칸트미학의 이해』,『칸트 판단력비판 연구』,『예술에 대한 사색』,『삶의 해석과 미학』,『인간에 대한 이해, 예술에 대한 이해』,『인간의 삶과 예술』,『오늘의 철학적 인간학』(공저),『인상주의 연구』(공저),『철학의 물음과 사색』(공저), 역서로는『예술과 인간가치』,『자유의 철학』(공역),『칸트평전』,『프로이트와 현대 철학』(공역),『서양철학사』(공역),『미학과 예술교육』외에 미학과 인간학에 관한 다수의 논문이 있다.

세창철학강좌_002
플라톤에서 푸코까지 _ 철학적 기질 혹은 열정

초판 1쇄 인쇄 2012년 6월 10일
초판 1쇄 발행 2012년 6월 15일
-
지은이 페터 슬로터다이크 ㅣ **옮긴이** 김광명 ㅣ **펴낸이** 이방원
편집 김명희 · 안효희 · 조환열 · 강윤경 ㅣ **디자인** 박선옥 · 손경화 ㅣ **마케팅** 최성수
펴낸곳 세창미디어
출판신고 1998년 1월 12일 제300-1998-3호
주소 120-050 서울시 서대문구 냉천동 182 냉천빌딩 4층 ㅣ 전화 02-723-8660
팩스 02-720-4579 ㅣ 이메일 sc1992@empal.com ㅣ 홈페이지 http://www.scpc.co.kr
ISBN 978-89-5586-150-1 04100
       978-89-5586-149-5 (세트)

이 도서의 국립중앙도서관 출판시도서목록(CIP)은 e-CIP 홈페이지(http://www.nl.go.kr/ecip)에서 이용하실 수 있습니다. (CIP 제어번호 : CIP2012002643)

세창철학강좌
002

철학적 기질 혹은 열정

플라톤에서
푸코까지

페터 슬로터다이크 지음 | 김광명 옮김

세창미디어

Horse Lost.   June 30?

one little (about 400 pound) bla
white fase mare is runnin
away on Tuesday night Ju
she got a little one at ho
just 6 weeks old and for th
reason if some catch h
I beg him to dilivery
home as soon as bossible
I am willing to pay we
s night

"초기의 낙관적인 시대에 철학교육은 개인에게 적잖이 영혼을 부여하거나 정신을 부여하는 의미를 지녔다. 철학교육은 혼란스런 도시의 아이들을 성숙한 세계시민으로 만들었으며, 내적인 야만상태로부터 문명화된 왕국의 사람들로 만들었고, 도취된 의견의 소유자로부터 사려 깊은 지식의 친구로 만들었다. 그리고 비참한 번뇌의 노예상태로부터 명랑하고 쾌활한 자아의 통솔자로 만들었다."

이 책의 저자 페터 슬로터다이크Peter Sloterdijk는 1947년 독일 칼스루에에서 태어나, 뮌헨 대학에서 철학, 독문학, 역사학을 공부하고, 함부르크 대학에서 현대 자전문학의 철학과 역사에 관한 연구로 박사학위를 받았다. 1980년 이래 자유문필가로 활동하면서 시대 상황에 대한 예리한 안목을 갖고서 이에 관해 나름대로의 진단을 내리며, 종교철학, 심리학, 문화 및 예술이론과 연관하여 다수의 글과 책을 펴냈다. 현재는 칼스루에 조형대학의 교수이자 총장으로 있으며, 오스트리아 빈 조형예술아카데미 문화철학연구소장, 제2독일텔레비전ZDF '철학 사중주'의 진행자로도 활동하고 있다. 역자로서는 독일 유학시절이던 1980년대 초에 당시 서독의 수도였던 본Bonn 근교의 굼머스바하Gummersbach에 있는 테오도르 호이스 아카데미에서 열린 콜로퀴움에서 문화 일반에 대한 논의를 그와 더불어 한 적이 있다. 페터 슬로터다이크는 2004년 한국철학회 초청으로 내한하여 제8회 다산기념 철학강좌에서 〈세계의 밀착―지구시대에 대한 철학적 성찰〉이라는 주제로 4회에 걸쳐 강연을 한 바 있어 우리에겐 그리 낯설지 않다. 특히 니체와 하이데거 이후 독일철학을 대표하는 사상가 가운데 한 사람으로 인정받고 있다.

  페터 슬로터다이크의 『플라톤에서 푸코까지―철학적 기질 혹은 열정』은 플라톤에서 푸코에 이르는 서구의 주된 사상에 대해 '기질 혹은 열정'이라는 독특한 측면에서 새로운 접근을 보여주고 있다. 서구 지성사에 깊은 영향을 미친 열아홉 명의 학자를 선택하여 그 스스로 택한 자신의 어휘와 자신의 특유한 관점에 따라 비교적 간결하게 그들의 사상을 펼쳐 보이며 철학사를 일별하고 있어 기존의 철학사와는 좋은 대조를 이룬다. 독일의 Süddeutsche Zeitung은 2009년 8월 12일자의 서평란에서 "이보다 훨씬 좋고 흥미있으며 주목을 끄는 철학 책이 금년엔 없다."고 하여 책이 출간된 그해에 최대의 관심을 보인 바 있다. 그런데 이는 비단 출간된 그해에만 그치지 않고 지금까지 해를 거듭할수록 많은 이들의 관심을 받고 있다.

그가 이 책의 들어가는 말에서 밝히고 있듯이, "놀랍게도 여기에 함께 묶여진 사상가와 책표제의 장식은 아주 의미 있는 집합이 되었고, 어떤 철학사도 성격연구나 지적 초상화의 갤러리가 지적하지 못하는 바를 드러내고 있다." 철학자들의 업적을 파헤친 저자의 글은 명쾌하고 분명하기도 하지만 때로는 난삽하여 적절한 긴장감을 불러일으킨다. 특히 그가 플라톤을 논의하는 중에 파이데이아paideia를 추론하는 곳에서 그러하다. 플라톤의 파이데이아는 인간수양으로서의 교육이며, 고대의 철학함의 근본을 나타내는 말일 뿐 아니라 정치적 실천으로서의 철학의 강령을 가리킨다. 또한 슬로터다이크는 "어떤 철학을 택할 것인가는 어떤 사람인가에 달려 있다."라는 피히테의 말을 되새기며, "겸손한 영혼을 지닌 자는 자연에 충실한 체계를 위해 결정될 것이고, 이 체계는 자연을 따르는 영혼의 그러한 본성을 정당화할 것이다."라고 말한다. 인간은 자유의 체계에 따라 자랑스런 기품을 지니고 있다. 이러한 고찰은 고금古今을 막론하고 진실이다. 슬로터다이크는 이 작은 책자를 통해 철학적 기질 혹은 열정의 정도가 나약한 주체나 자만한 주체라는 정형화된 대립을 훨씬 넘어서기를 주문한다. 나아가 이 책자가 일찍이 헤라클레이토스가 인간이 멀리 걸어가면 갈수록 그 경계에 다다르는 일은 불가능하다고 주장한 바와 같이, 로고스에 의해 밝혀진 영혼이 확장되어 널리 펼쳐지기를 소망한다. 그런 면에서 이 작은 책자는 더 이상 작아 보이지 않거니와 확장을 거듭하고 있는 중이라 하겠다.

페터 슬로터다이크의 기본생각을 펼쳐 보면, 그는 이성적 존재로서의 인간에 대한 비판적인 성찰을 시도하며, 현대사회에 만연하고 있는 냉소적 태도 내지는 냉소주의를 분석한다. 그의 대표저술인 『냉소적 이성 비판』1983은 바로 이런 맥락에서의 결정체이다. 그는 시대를 관통하는 정신을 냉소주의로 파악했거니와 계몽주의가 빚은 극단적 산물로 보았다. 그의 눈에 비친 냉소는 이 시대상황에 대한 의심과 회의의 결과물이다. 서구근대를 꿰뚫는 키워드인 계몽이나 이성에 대한 신뢰의 상실이라는 맥락에서 여기에 펼친 열아홉 철학자들의 철학적 기질 혹은 열정의 측면에서의 접근은 기존의 철학적 전통을 전혀 새로운 관점에 따라 새롭게 읽어 보는 계기가 될 것이다. 이는 앞으로 다가올 미래에 대한 사유의 폭과 깊이를 한 차원 높이 끌어준다는 적극적인 의미가 있을 것으로 기대된다.

　역자는 이 책의 번역에 있어 다소간 딱딱하더라도 원전에 충실한 직역을 원칙으로 하려고 노력하였으며, 원주 이외에 독자의 이해를 돕기 위해 필요한 여러 곳에 역주를 달았다. 이 책 번역의 중요성과 필요성을 일깨워 주시고, 아울러 품위 있는 책 모습으로 꾸며주신 세창출판사의 이방원 사장님과 원당희 선생님께 깊은 감사의 마음을 전한다. 또한 함께 수고한 편집부의 김명희 실장님과 조환열 선생에게 고마움을 전하고 싶다.

상도동 연구실에서
2012년 이른 봄에
김 광 명

1990년대 중반에 디데리히스 출판사와 나는 공동으로 당시로서는 처음인, 대안이 되는 철학사 집필이라는 마음을 끄는 대담한 계획을 세우게 되었다. 이 계획은 예나 지금 할 것 없이 유럽사상의 커다란 계단인 독본으로부터 걸어 나와 가장 의미 있는 저자에게로 관점을 옮겨 그 형식을 탐색해 가는 일이었다. 그 무렵 이 생각은 의심할 나위 없이 독일식 세기말世紀末[01]의 특징이었던 속박을 벗어난 우둔함에 대해 항시라도 지적 신호를 보내려는 소망을 담고 있었다.

이런 기획을 함에 있어 새로운 점은 기준이 되는 저자 스

01 역주-세기말 사조 혹은 분위기란 프랑스에서 시작하여 1890년대의 유럽 각 국에 퍼진 인간정신의 퇴폐적 경향으로 당시의 회의주의 · 유물주의 · 염세 주의 · 찰나적 향락주의 등을 가리킨다. 여기서는 1990년대 말의 상황을 의 미한다.

스로에게 말을 하게 하는 데에 있다. 철학의 기본 텍스트를 편집하는 자로서 그리고 매개하는 자로서 2차문헌의 우세함에 휩쓸려 들어가는 것을 저지하는 일은 우리의 관심사였다. 뚫을 수 없는 베일에 가려 도처에서 근원이 되는 생각이 주석으로부터 그리고 주석의 주석으로부터 사라지게 될까봐 오래전부터 염려해왔다. 텍스트 자체로 방향을 기울임으로써 우리는 공중으로 하여금 원래의 철학적 사유에 다가가도록 했다. 아울러 철학을 전문적으로 공부하는 사람들에게 더욱 중요한 지배적인 입문에 이르는 대안을 어디에서나 손에 넣을 수 있도록 하였다. 이는 나의 확신이었고 또한 지금도 확신하고 있는 바이다. 하지만 철학에 이르는 길이란 어떠한 입문도 있을 수 없으며 오히려 최초의 순간으로부터 철학적 교과 그 자체를 일차적인 사유의 양식으로서, 그리고 그 결과로서, 또한 삶의 양식으로서 표상하는 일이다.

책의 출판계획은 출판사와 편집자 사이의 좋은 공동작업을 통해 곧 구체적인 모습을 갖추게 되었고, 1차 원전을 선별하고 제공하는 것을 떠맡기로 이미 선언한 탁월한 약간의 학자를 확증하기에 이르렀다. 몇 년 안에 또한 요약본의 철학 총서 시리즈가 완성되었다. 이 책들은 곧 독자들과 대면하게 되었으며, 무엇보다도 문고판의 형식으로 재판을 냄으로써 많은 독자를 확보하기에 이르렀다. 다만 계획된 책들 가운데 두 권 —이는 특히 내 마음에 담고 있는— 하이데거 독본과 아도르노 독본은 저작권의 어려움으로 인해 완성하지 못했다. 하이데거와 아도르노의 유고遺稿를 소유한 자가 그 독점권을 어떻게 이용하고 있는가를 알게 된 당황스런 경험이었다. 다시 말하자면, 그들은 이 독점권을 이용하여 유고를 아주 잘 아는 사람이 이들 저자의 글들로부터 공들여 선별하는 일을 방해하였다.

앞서 출간된 소책자들의 개별적인 책들에 부친 편집자의 서문을 모음으로써 다음과 같은 성과도 이룰 수 있었다. 즉, 원래는 의도하지 않았으나 확실히 용인할 수 있는 바를 산출해냈다는 점이다. 놀랍게도 여기에 함께 묶여진 사상가와 책표제의 장식은 아주 의미 있는 집합이 되었고, 어떤 철학사도 성격연구나 지적 초상화의 갤러리가 지적하지 못하는 바를 드러내고 있다. 이를테면, 모든 철학 시스템이 저자의 알아채지 못한 기억이나 자기고백에 주목한다면, 어느 정도로 니체가 정당한지에 대한 물음의 답변이 되었을 것이다. 저자의 선별이 불가피한 요인을 갖고서 부당하게 결합되어 있다는 사실을 속여서는 안 된다. 선별이라는 임의의 길을 걸으면서도 필연성과 자의의 중도를 취하고 있다.

앞서 내놓은 총서의 제목은 귀담아듣지 않을 수 없는 다음과 같은 피히테의 유명한 말을 은연중에 내포하고 있다. 즉, 어떤 철학을 택할 것인가는 어떤 사람인가에 달려 있다. 이 말을 함으로써 피히테는 겸손한 영혼을 지닌 자는 그들의 굴종을 정당화하는 자연 그대로의 체계를 위해 결정되고, 반면에 심성이 오만한 인간은 자유의 어떤 체계를 붙잡으려 한다는 자신의 사고를 강조하고 있다. 이러한 고찰은 고금古今을 막론하고 진실이다. 내가 바라건대 이 작은 책자를 통해 철학적 기질 혹은 열정의 정도가 나약한 주체나 자만한 주체라는 정형화된 대립을 훨씬 넘어설 수 있길 기대한다. 나아가 이 책자가 일찍이 헤라클레이토스가 인간이 아무리 멀리 가도 영혼의 경계에 다다르는 일은 불가능하다고 주장한 바와 같이, 로고스에 의해 밝혀진 영혼이 확장되어 펼쳐지기를 바랄 뿐이다.

차례

Fichte

...elm ...rich Hegel

...von Wilhelm Joseph von S...

Schopenhauer

...ren Kierkegaard

...rich Marx

Wilhelm Nietzsche

...mund Husserl

...Joseph Johann Wittg...

...ean Paul Sartre

플라톤
Platon

    반플라톤주의자이자 무신론 학풍의 정초자인 니체는 『즐거운 학문』에서 유명한 구절인 344 "어느 정도로 우리는 아직도 신실信實한가"에서 다음과 같이 경의를 표할 만한 기념비적인 문제의식을 내놓았다. 즉, " 내가 하고자 하는 바를 사람들은 파악할 수 있는가. 말하자면 학문에 대한 우리의 믿음을 떠받치고 있는 것은 여전히 형이상학적인 믿음인 것이다. 오늘날 인식하고 있는 우리가 그리고 무신론자이자 반형이상학자인 우리가 천년 동안의 신앙이 점화해왔던 화염에 불을 지핀다. 저 기독교 신앙, 신이 곧 진리요 진리는 신적이라는 플라톤의 믿음이 그 중심내용을 이룬다.…

더 이상 믿을 수 없게 된다 하더라도 그와 같이 된다는 말이다."[02]

유럽 철학의 역사는 하나의 전령傳令의 기병 또는 파발꾼으로서 드러나고 있다. 플라톤에게서 그리고 몇몇 전임자들, 즉 파르메니데스Parmenides, BC 510년경~BC 450년경와 헤라클레이토스Heracleitos of Ephesus, BC 540?~BC 480?에게서 여러 세대에 걸쳐 점화된 봉화를 운반했다고 하겠다.

수천 년을 통해 이루어진 사유가 벌이는 햇불경주의 모습은 대립을 보이는 가치평가로써 온존해 왔으며, 비록 이 경주가 진리의 역사로서 파악되거나 아니면 단지 문제사로서 파악된다 하더라도, 니체가 시사하고 있는 바와 같이 우

02 Fr. Nietzsche, Sämtliche Werke. Kritische Studienausgabe, 제4권, München 1980, 577쪽.
03 칸트, 마르크스, 포이어바흐의 선례에 따라 니체에 의해 환기된 혐의는 유럽 형이상학의 역사가 심오한 비(非)진리 또는 반(半)진리의 결과사로서 읽혀진다는 점이다. 이는 20세기에 아주 풍부한 고발의 스펙스텀으로 전개되었다. 하이데거가 믿는 바로는 유럽의 형이상학과 기술의 역사에서 "존재망각"의 포괄적이고 치유불능의 기능의 수행을 인식하는 것이었다. 아도르노는 그 안에서 강제적이며 잠재적인 편집증적인 정체성의 논리의 개선행렬을 보았다. 헤르만 슈미츠(Hermann Schmitz)는 벌써 권력지향적인 이성유형의 전개에 있어 지도적인 역할을 철학의 출현으로 진단했다. 이때 권력지향적인 이성유

리의 오래된 오류의 역사로서 파악된다고 하겠다.[03] 15세기 무렵 피렌체의 신플라톤주의의 결정적인 인물인 마르실리오 피치노Marsilio Ficino, 1433-1499는 아주 정당하게 『향연심포지온, Symposion(De amore)』의 주석 서문에서 플라톤을 철학의 아버지라 칭하고 있다.[04]

사실상 유럽 철학은 그 이념적인 주된 흐름에서 보면 동시에 플라톤적인 교부철학의 연속이었다고 하겠다. 그것은 명제와 명령의 복합으로서 진행되었고, 마지막 심급 혹은 법정에서 유일하게 생식능력 있는 원천으로부터 흘러나오는 것처럼 보였다. 플라톤의 걸작은 마치 이념의 정자은행과도 같은 작용을 했다. 거기에서 그 뒤로 무수히 많은 지성

형이란 잘못된 추상으로, 잘못 인도된 이중성으로, 그리고 신체와 감정 및 주관성에 대한 자연의 오인에 근거를 둔 것이다. 여성주의적인 비판은 권력에 의지하는 남성중심적인 환영을 제조하는 대리인인 철학자의 다수를 고발하고 있다. 오토 랑크(Otto Rank)나 페터 슬로터다이크 등에 있어 출생망각의 매개로서 고전철학의 비판에 이르는 단초들이 발견된다. 이는 영웅적이고 기술공학적인 그리고 이념적이고 자발적인 보상에 표출되어 있다. 이 모든 해명은 공동으로 유럽 철학을 파괴적인 합리성 형식의 폭넓은 비판에 연관시키고 있다.

04 Marsilio Ficino, Über die Liebe oder Platons Gastmahl(K.P.Hasse 역; P.B.Blumber이 편하고 서문을 씀), Hamburg 1984, 11쪽.

을 풍요롭게 산출해냈으며, 이는 유럽 학파의 원상原象으로서 거의 천 년 동안BC387-AD529이나 오래 가르치는 행위를 중단 없이 지속해왔다. 플라톤의 가르침은 나아가 낯선 언어나 문화로의 번역가능성에서 하나의 놀라움으로 밝혀졌고, 우리가 복음적이라 부를 수 있는 방식으로 빛을 발했다. 여기서 외국문화라 할 때, 로마에서의 수용이나 아랍05에서의 수용, 뒤에는 가장 중요한 예들을 제공하는 독일에서의 수용과 같은 것이라 하겠다. 이 수용은 플라톤주의의 기독교적 신론으로의 용해를 통해 의미를 얻게 된다. 아돌프 폰 하르나크Adolf von Harnack, 1851-193006가 언젠가 기독교신학의 그리스화 또는 세계화를 언급하면서, 점진적인 가톨릭과 같이 급진적인 그노시스파07가 멀리 신적인 플라톤의 특성 안에 있

---

05 Henry Corbin, Histoire de la philosophie islamique, Paris, 1986 참고.

06 역주-독일의 자유주의 신학자이자 교회사 연구가이다.

07 역주-그노시스파(Gnosticism)는 유대교, 동방의 종교, 기독교, 점성학 등과 그리스·이집트의 다양한 철학과 사상이 혼합되어 만들어졌다. 동서양의 다양한 철학과 사상이 활발하게 융합작용을 하던 헬레니즘시대에 특히 유행했는데 그노시스파 교리의 특징은 육체를 부정적으로 보고 영혼을 긍정적으로 보며, 개인적인 깨달음을 통한 구원을 강조하고, 극단적인 선악 이원론의 입장에 선다.

다고 했다.[08] 그 외에도 이슬람의 사변적인 신지론神智論의 많은 것이 현재까지도 플라톤적인 동기를 충족시켜주고 있다.

그리하여 플라톤 전집은 무엇보다도 고전적인 글들의 집합 이상의 것이 되었다. 그것은 기술방식, 가르침, 삶의 형식으로서 유럽의 이념철학의 총체적인 장르를 위한 기초기록이고, 도시와 왕국에서의 사람들을 서로 묶어주는 하나의 새로운 지성의 묶음이었다. 그것은 불투명화고 칙칙한 세계를 논리적으로 꿰뚫어 볼 수 있는 좋은 소식을 던져 주었다. 플라톤주의는 모든 사물의 좋은 근거를 밝혀주는 구세주와 같은 복음으로서 진리를 추구하는 근거를 순수한 합리주의에 두고 있다. 이런 근거를 무너뜨리기 위해서는 19세기와 20세기 문명의 혁명이 적잖이 필요하다고 하겠다. 이를 뜯어내기 위한 국면으로서 우리는 맹목적 세계의지라는 쇼펜하우어Arthur Schopenhauer, 1788-1860의 형이상학을 갖고 있으며, 자연과학과 사회과학의 유물론적 진화론 및 무엇보다도 근대

---

08 A. v. Harnack, Dogmengeschichte, Tbingen 1991(8판), 63쪽 이하 및 112쪽 이하 참고.

의 카오스론을 염두에 두는 니체의 관점주의와 허구주의를 아울러 갖고 있다. 플라톤의 가르침은 고전적인 강단형식에서 이론적으로 복된 삶을 누리기 위한 지침을 매개하는 것이었다. 그것은 그 말의 진정한 의미에서 사유의 종교였으며, 한 지붕 아래에서 탐구와 경건을 하나로 통합하도록 신뢰를 주었다. 많은 종교사가들은 여러 관점에서 플라톤의 가르침이 곧장 샤머니즘적 전통을 근대화하는 것을 지칭할 수 있다고 생각한다. 옛날부터 샤머니즘적 전통은 영혼의 천국여행을 알려주고 피안의 정령들과 유익하게 교통하는 것이었다. 반면에 플라톤의 순수 이데아가 스스로 움직이는 곳은 천국을 넘어선 장소이며, 이 점에서 단지 논리화된 천국이며 사유의 이데아로의 고양이다. 이는 개념이라는 탈것을 타고 떠나는 근대화된 영혼의 여행인 것이다.[09]

플라톤주의는 탁월한 인식낙관론과 의식적인 삶의 윤리와 더불어 동시에 세계적인 영향력을 지닌 유럽 합리주의의

09 Ioan P. Couliano, Jenseits dieser Welt. Auβerweltliche Reisen von Gilgamesch bis Albert Einstein, München 1955, 10장, ≫Interplanetare Reise- Die platonische Raumfähre≪ 참고.

초자아가 되었다. 선한 공동체나 국가 안에서 좋은 삶 또는 선한 삶을 추구하는 플라톤의 대범한 탐구는 처음부터 단지 유토피아가 되기에는 부족한 것이었다고 하더라도, 철학적 욕망을 최고로 요청하는 척도와 방향이 있었다고 하겠다. 진리와 우정을 쌓는 일은 도시의 평화나 세계의 평화에 대한 염려로서 이해되었으며, 자의식의 정신으로부터 지속적으로 새로운 것을 정립하기 위한 참여였다고 하겠다. 철학자를 문화의 의사라고 보는 니체의 언급은 플라톤의 의도에 따르면 전적으로 옳다. 이러한 요청이 과도한 것으로 매도되는 일이 발생할 수 있었다. 그렇다, 이와 같은 요청 속에서 20세기에 우리가 총체적 시험이라 불렀던 그것의 출현을 인식하고자 했던 것이다.

그럼에도 불구하고 플라톤의 발견은 타당한 것으로 남아 있다. 개인적인 지혜와 공공의 질서 사이에 문제가 되는 연관은 늘 있어 왔다. 비록 철학이 후기고대에서와 같이 근본적으로 알렉산더 대왕 이래로 탈정치화로 깊이 가라앉았다 하더라도 그러하다. 최초의 심리치료학처럼 그것은 내적 평화의 물음을 위한 의심할 나위 없는 관할권을 지니고 있다.

이는 외적 평화를 위한 사전이행처럼 작용할는지 모른다. 이는 교란된 세계 안에서 유유히 조용하게 신호를 알리는 등불이다. 플라톤적 전통은 그 안에서 스토아 학파[10]의 가르침과 더불어 그리고 후에는 에피쿠로스 학파[11]의 가르침과 일치하게 되었다. 이들은 철학자를 영혼의 평화를 탐구하는 전문가로 정의를 내렸다.

만약 우리가 오늘날까지 그리스인들에게서 철학의 시작을 상기시켜주는 근거를 갖고 있다고 한다면, 우리는 다음과 같은 이유를 들 수 있을 것이다. 무엇보다도 철학을 통해 우리를 항상 지배하고 방황하게 하는 간접적인 세계권력인 학교 또는 학파가 가능했고, 이것은 진전되어가는 도시사회가 되도록 강요하기 시작했다. 철학자와 함께 요구하는 바

---

10 역주-기원전 3세기 제논에서 시작되어 기원후 2세기까지 이어진 그리스 로마 철학의 한 학파로서 아리스토텔레스 이후 그리스 로마 철학을 대표한다. 헬레니즘 문화에서 탄생해 절충적인 모습을 보이며, 유물론과 범신론적 관점에서 금욕과 평정을 행하는 현자를 최고의 선으로 본다.
11 역주-에피쿠로스(기원전 270년 아테네)의 학설을 신봉한 학파는 철학을 행복 추구의 수단으로 생각하였다. 이때 행복이란 일종의 정신적 쾌락으로, 그것을 구하며 그것을 얻는 것이 인생의 목적이라고 보았다. 따라서 단순히 그때 그때의 일시 쾌락으로 만족한 것은 아니었다.

가 많은 교육자의 유형이 출현하였다. 이런 유형의 교육자는 도시의 젊은이들이 더 이상 관행의 격자울타리를 따라 성장하도록 하지 않았으며, 뛰어나고 기술적인 것에 따라 그리고 보편적인 기준에 따라 교양을 형성하도록 했다.

한 짝 또는 한 패라 할 소크라테스와 플라톤은 새로운 교육이념의 발현發現을 뚜렷이 했다. 수사학자들이나 소피스트들의 관행주의나 기회주의에 반反하여 인간의 포괄적인 새로운 각인을 위한 변호를 했다. 잠재적인 또는 명백하게 당당한 큰 세계를 위한 파이데이아Paideia 혹은 인간수양으로서의 교육은 고대의 철학함의 근본을 나타내는 말일 뿐 아니라 정치적 실천으로서의 철학의 강령을 가리킨다. 철학의 탄생은 새롭지만 위험하고 힘을 싣고 있는 세계형식을 출현시키는 조건이 된다. 우리는 오늘날 이를 도시문화의 형식 그리고 제국의 형식이라고 부른다. 이는 도시나 왕국에 쓸모 있는 방향으로 인간을 강제로 새롭게 길들이는 것이다. 고전철학이 여성을 위해서는 아주 드물게 기여했지만 젊은 엘리트들을 위해서는 논리적이고 윤리적인 비법전수의 의식儀式이었다는 점을 그런 한에서 주장할 수 있다. 진전된 대가의 지도 아래 그렇게 할 수 있거니와, 이는 먼 앞날을 내다보며 큰 뜻을 품은 국가나 왕국의 인간성을 위해 이제까지의 가족의 각인이나 출신의 각인을 극복한 것이라 하겠다.

그리하여 철학은 그 시작에 있어서 불가피하게 위대한 것, 더 위대한 것, 가장 위대한 것으로의 비법을 전수하게 되었다. 철학은 보편적인 종합의 학파로서 제시되었고, 다양한 것과 섬뜩한 것을 하나의 좋은 전체로 묶어 함께 사유하도록 가르친다. 철학은 증가하는 지적, 도덕적 무거운 짐 아래에서 하나의 삶으로 안내한다. 철학은 상승해가는 세계복합성과 극단의 자리에까지 높여진 신의 위대함을 계속되는 노고와 영혼의 확장을 통해 일치시키려는 기회를 준다.[12] 철학은 존재의 집[13]이라는 가장 강한 새로운 건축으로 옮겨가길 청한다. 철학은 그들 학생들로부터 논리적인 아

---

12 여기에 대해선 Peter Sloterdijk, Im selben Boot. Versuch über die Hyperpolitik, Frankfurt 1993, II장(26-49 쪽):≫Staats-Athletik, Vom Geist derMegalopathie≪ 참고.

13 역주-이러한 표현은 하이데거가 자신의 『휴머니즘 서한』에 언어를 존재의 집이라 칭한 데서 따온 것이다.

크로폴리스의 거주자가 되도록 하며, 그들로 하여금 어디에서나 거처할 집이 되도록 충동이나 성향을 일깨운다. 이러한 연습의 목표를 위해 그리스적 전통은 소프로시네^{생각이 깊음, sophrosyne}라는 용어를 제공하는데, 이 말은 라틴어로 후마니타스^{humanitas}라는 표현이다. 또한 이 말은 고대 철학의 학파에서는 파이데이아^{paideia}인바, 인간성을 뜻하는 성숙한 사려깊음으로 안내한다. 이는 도시나 왕국에 유용한 '큰 영혼을 지닌' 인간을 가까이 배양하고 양육하는 이행의식^{移行儀式}의 일종이다.[14] 파이데이아와 후마니타스의 가치에서 단지 비정치적인 성격의 이념들을 본다면 분별없는 일이 되고 말 것이다. 모든 사람들을 가까운 친척으로 여기는 일은 지혜로움에서 인식될 수 있는 것이고, 이런 원리 혹은 원칙은 실로 가족적 품성이 지나치게 확장된 데서 비롯된 인도주의적인 소박함이 아니겠는가?[15] 1789년에서 1945년 사이에 있었

---

14 Werner Jaeger, Paideia - Die Formung des griechischen Menschen, Berlin/New York 1989(1933첫 출간).

15 Arnold Gehlen, Moral und Hypermoral. Eine pluralistische Ethik, Frankfurt am Main 1973, 79쪽 이하 참고.

던 유럽의 고전어교육을 강조하는 김나지움 문화의 전성기를 회상하는 일은 다음과 같은 사실을 분명하게 해준다. 즉, 유럽의 여러 국민국가들이 그들의 젊은이들에게 국가제국주의 프로그램의 조건을 부여하는 과제를 수행하기 위해 모두 인문적 교육제도를 정립했다는 사실이다. 그렇게 하여 철학과 교육은 이미 고대에서부터 개별적으로 뚜렷하게 대조를 이루었으며, 먼저 모든 일 그 자체를 강조한 뒤 대체로 국가적 인간성을 위한 개별적인 단련을 하게 되었다. 무엇보다도 로마 황제시대에 그러했던 것처럼 권력과 정신 사이에 틈이 깊어지게 되었을 무렵, 철학함das Philosophieren은 자족, 자주의 방식이 주도하는 흐름 아래에 놓이게 된다. 그리고 자족, 자주의 방식은 세계 권력으로부터 등을 돌렸다.

고전철학은 대가나 숙련자가 나타나기를 기대하며, 혼돈의 우주에서 명료하게 되기를 바란다. 현명한 자는 우주의 가면 혹은 탈로서의 혼돈을 꿰뚫어 본다. 숨어 있는 깊은 질서를 간파한 자는 전체적인 소통능력을 얻게 된다. 존재 안의 어떤 곳도 그에겐 전적으로 낯설지 않다. 그런 까닭에 지혜에 대한 사랑은 추방할 수 있는 능력을 지닌 대학이라 하겠다. 지혜에 대한 사랑은 모든 세계시민kosmopolités으로서 지혜로운 자들에게 강령적으로 재치있게 그 특징을 드러내며, 철학으로 하여금 우주에 대해 숙고하도록 서약한다. 우주는 그 형식에 따라 이미 신들의 거친 시장이며 풍습이고, 동시에 많은 국가제도들이 헤게모니를 쥐려고 싸움을 벌이는 전장터이기도 하다. 사람들은 아마도 BC 427년에 태어난 플라톤이 펠로폰네소스 전쟁BC 431-404[16]을 겪었던 그의 젊은 시절의 상황에 주의를 덜 기울인다. 철학자들이 경험적인 현실에 대하여 취한 불길한 거리, 그리고 주어진 것으로부터 종종 더렵혀진 이념적인 경향을 제거하는 일은, 만약 사람들이 다음과 같은 점을 염두에 둔다면, 좀 더 쉽게 이해될 것이다. 즉, 글을 쓴 저자가 젊은 시절에 전쟁과 같은 고뇌로 인해 왜곡된 것 외에는 다른 세상을 거의 경험하지 못

---

16 역주-고대 그리스에서 아테네 및 델로스 동맹과 스파르타 주도의 펠로폰네소스 동맹 사이에 일어난 이 전쟁은 고대 그리스의 도시국가의 정치, 역사 그리고 문화에 끼친 영향은 매우 주목할 만한 것으로 평가된다. 고대 그리스 세계의 정세를 뒤바꾸었으며, 국제 관계 면에서 전쟁 전 그리스에서 가장 강대한 도시 국가였던 아테네는 종속국에 가까운 상태로 전락하였으며, 반면 스파르타는 그리스의 주도국이 되었다.

한다는 사실을 염두에 둔다면 말이다.

근대적인 용어로 말한다면, 고전철학은 종종 안내교과로서 그 특징을 드러낸다고 할 수 있다. 그리고 그 자체로 그렇게 하고자 했기에 무엇보다도 고전철학은 앞서 발견된 관계들의 혼란을 질서정연한 회귀를 통해 안전한 토대 혹은 기초로 올라갈 수 있게끔 하는 약속을 행할 수 있었다. 이를 오늘날의 용어로 바꿔 말하면 복합성으로의 환원이라 하겠다. 나쁜 다양성을 제거하는 자로서의 철학자는 신비로움을 이끄는 자이고, 학생들을 첫 번째 근거의 영역으로 동반하며, 거기에서 만족할 만한 크기의 전망을 얻을 수 있다. 높은 위치로 올라가는 일은 대가代價를 치러야 한다. 교육자로서의 철학자는 일찍이 전에 없던 유형을 이성에 의해 인도되는 사람에게 추천하고자 하며, 그리하여 그는 도시나 왕국에서 성장하기 위한 기준들을 바르게 하기 위한 권리를 갖게 된다. 실제로 종족사회가 급진적인 방식으로 정치적이고 제국적인 형식으로 이행함에 있어서 성장하게 된다는 의미로 바뀌게 된다.

기원전 4-5세기에 아테네에서 성장하고자 했던 자는 다음과 같은 점을 준비해두지 않으면 안 되었다. 즉, 역사적으로 거의 알려져 있지 않은 규모로 권력을 위임받거나 적어도 권력에 대한 배려를 자기 자신의 것으로 삼는 일이다. 철학적 교육자는 도시나 왕국의 조건 아래에서 성장하게 된 교사로서 좀 더 힘이 있었다. 그리고 철학적 교육자는 보다 더 큰 도시로 옮겨진 권력자들의 위험부담이 큰 출산의 경우에 산파역을 하게 되었다. 그리하여 가문이 높은 경우에 기형이 나타나지 않도록, 새로운 생각을 함으로써 새로운 힘의 넘침을 균형 있게 조절하는 기술이 필요하게 되었다.

가장 오래된 종족문화 이래로 상징적인 출생은 성장에 임해서 성년의식成年儀式이라는 문제가 되었다. 근대의 파이데이아는 이런 전통에 불가피하게 연결되었다. 이는 이것과 대적되는 샤머니즘을 계승하고 있다. 샤머니즘은 단지 고대의 치료술을 드러낼 뿐 아니라 동시에 젊은이들을 성인의 삶이 지닌 비밀 속에 봉헌하는 경쟁력을 포괄하게 한다. 그러나 세계 개방적인 폴리스에서는 주도적인 과제를 단지 샤머니즘적인 기술로써 지각하는 일이 불가능하게 되었다. 민주적으로 토론을 즐기는 도시는 더 이상 최면상태나 황홀경에 호의적이지 않게 되었다. 소크라테스나 플라톤에 따르면 성인으로서, 그들에 의해 종족의 조상이나 신들을 소유한 것으로 파악되지 않은 그러한 자들에게는 더 이상 타당하지 않다. 도시적인 삶의 형식들은, 신들에게 너무 가까이 들어가는 새로운 유형이나 형태의 성인들을 요구한다. 동시에 이는 다시 말하자면 지성의 형식을 자극하고, 이 지성은 전통이나 반복으로부터 탐구와 회상으로 전환한다. 계시와 증거는 더 이상 황홀을 통해서가 아니라 추론을 통해서 성립된다. 진리 자체는 쓰는 것을 배우고, 명제의 연결은 거기로 인도한다. 그리하여 플라톤의 원칙에서 기억의 의미는 근본적인 것으로 변화한다. 우리가 어떻게 해서든 주목해야 하는 것은 플라톤에 의하면, 이 세계로 쿵 하고 추락했을 때 우리는 기억을 상실했다는 사실이다. 그리고 우리가 여기서 기억하여 배운 것은 혼란스럽고 쓸모없는 것이다. 출생 이전의, 선천적이고 순수한 앎에 대한 기억은 다가올 미래에 신화적이고 음유적吟遊的인 회상문화를 넘치게 하며, 그리하여 선천적인 것을 통해 앎의 혁명이 도래하게 된다.

약간 자유롭긴 하지만, 플라톤적인 절차나 방법은 정신

분석과 비교되기도 한다. 우리는 억압된 원래 모습이 아니라, 우울한 원상原象과 어둡고 수학적인 본질을 떠올리게 된다. 그러한 회상이 완전히 투명할 수 있게 되는가의 문제는 의문으로 남아 있다. 어떤 경우라도 사유는 플라톤에게서는 인간적 조건 아래에 있다. 더 이상 완전히 하늘의 청명함을 나눌 수 없다. 죽어야 할 운명에 있는 자들이 신체의 모습을 하고 거기에 있는 한, 모든 차이들의 차이에 기여한다. 그들은 대개의 것들을 단지 불명료하게 알고 있으며, 저 위에 있는 천상의 투명함과 여기 아래에 있는 지상의 흐린 시야 사이에 불화不和를 겪고 있다. 거기에 대해 우리는 모든 것에 부가하여 어두움을 계산에 넣지 않으면 안 된다고 판단한다. 철학은 항상 사람을 살도록 하는 여명黎明을 밝게 하는 시도인 것이다.

철학적인 이야기가 전승된 신화 및 의견들을 물리치기 시작했다는 사실은 논리에 맞는 일이었다. 동화처럼 즐거운 마취와 음유적인 열정 대신에 철학적인 이야기는 비판적인 냉정함의 상태를 얻고자 애썼다. 이러한 냉정함은 옛날부터 진정한 철학함을 위한 노동의 풍토로서 타당했다. 물론 플라톤주의는 아름다운 광기狂氣와 냉정한 도취sobria ebriatas ―비판과 열광 사이의 화해인― 의 가르침으로 끝을 맺는다. 이러한 양보는 후에 건조한 학파에게는 낯설게 되었다. 이 양보가 계몽인 한에 있어 철학은 옛 종교가 지닌 영혼의 심신 상태와 거친 신들의 역사가 갖고 있는 미몽에서 깨어나게 하는 것과 다름이 없다. 어떻게 철학이 학생들에게 무조건적인 최고선最高善을 서약하게 하는가의 정도는 동시에 생생한 일반화를 통해 다시금 마법을 작동하게 하는 것이다. 보다 높은 수준으로 마법을 거는 일에 실패한 데서 비로소 ―논점이 보다 많은 문제를 안고 있다는 인상을 갖고 있지만 ― 회의주의와 분석적인 공허함이 성립된다. 정신분열의 경향을 보인 언짢음의 징후에 대한 지속적인 반성이 될 수 있거니와 진선미의 광휘 대신에 도처에서 다만 슬픈 회색의 가치를 볼 수 있을 뿐이다. 실제로 후기 고대 철학은 벌써 그것에 대한 권태와 싫증을 논증한 바 있다. 여기에서 고대의 아카데미주의는 동시대와 친근관계에 놓여 있다고 하겠다.

낙관적인 초기시대에 철학교육은 개인들에게 적잖이 생

기를 불어넣고 영감을 주는 의미를 담고 있었다. 철학교육은 다음과 같은 일을 목표로 삼고 있다. 즉, 혼란스런 도시의 어린이를 성숙한 세계시민으로 만들고, 내적인 야만상태로부터 문명화된 왕국의 사람들로 만들며, 도취된 억견의 소유자로부터 사려 깊은 앎의 친구로 만들고, 고뇌의 비참한 노예상태로부터 벗어나 자기가 주인이 된 즐거운 상태를 만드는 것이다. 유럽 교육학이 시작할 즈음에 학교라는 말이 탁월함이라는 말을 뜻하는 시대가 있었다. 근대적 표현인 교육은 철학의 원래 계획인 이러한 명예심이나 공명심에 관한 그 어떤 것도 재생하지 못한다. 철학이라는 시급한 현실적인 개념이 까다로운 학부의 일이라는 점과 또한 화를 잘 내는 수수께끼풀이를 하는 하위문화의 끝없는 담론을 의미하는 한, 그것은 거의 플라톤이 의도하는 바인 축제적인 진지함을 상기시켜주고, 학과 또는 학교로부터 인간존재의 의미를 새롭게 규정하는 일을 상기시켜준다. 그 대신에 지속적이고 자기교육적인 파토스를 상기시키기 위하여, 고대철학에 대한 근대의 지성적이고 인식론적인 오해에 반(反)하여 이의를 제기한 것은 파울 라보프Paul Rabbow와 피에르하도트Pierre Hadot와 같은 이념사가들의 공적이라 하겠다.[17] 변화하는 연습askesis으로 작용하지 않는 철학은 앎의 원천으로서 고대의 신봉자를 의심할 것이다. 시노페의 디오게네스 Diogenes von Sinope, BC 400?-BC 323가 알렉산더로 하여금 햇빛을 가리지 말아달라고 했을 때, 연습금욕의 목적은 또한 달성된 셈이다. 이런 의미에서 냉소주의의 현명한 무언극은 말하기 좋아하는 플라톤주의와 동등하다. 쓰여지지 않은 가르침이라는 표현이 뜻할 수 있는 바의 모든 것 가운데 절반은 이 시노페의 사람에게 속한다고 하겠다.

의심할 나위 없이 소크라테스와 플라톤 이래로 철학은 각성覺醒의 방향으로 나아가게 된다. 그리하여 새로운 학파들은 반쯤 각성된, 또는 비몽사몽의, 미리 생각하지 않은 생활습관에 저항하게 된다. 항상 가장 근대적이고 전혀 있을 법하지 않은 상태에 대한 사려분별이 존속한다. 옛날의 집단

---

17 Paul Rabbow, Paidagogia. Die Grundlegung der abendländischen Erziehungskunst in der Sokratik(Ernst Pfeiffer편), Göttingen 1960: Pierre Hadot, Philosophie als Lebensform. Geistige Übungen in der Antike, Berlin 1991(2판) 참고.

적인 황홀경은 아직 그 힘을 잃지 않았다. 실제로 아테네의 철학자들은 그들의 고대 혹은 선사시대의 동료들인 샤먼들, 고대 그리스에 수백 년 동안 있어 왔던 에언자들 혹은 치유자들을 배경으로 삼고 있을 뿐 아니라, 호메로스 풍의 음유시인들이나 디오니소스 의식의 시인들 혹은 신학자들을 그 뒤에 두고 있다. 그들과의 단절은 철학에 부여된 역사적 사명이다. 소크라테스에 따르면, 모든 철학자들은 새로워지지 않으면 안 된다. 철학이 문자문화와 도시적 수사학의 매체 혁명 속에 복잡하게 얽혀 있는 한 그러하다. 그렇게 하여 철학은 고대의 앎의 연관관계에 있어 신기원의 변혁을 일으키는 중요인자로서 작용한다. 미래에 모든 사상가는 자신의 앎을 기록하는 기록자가 되어야 한다는 사실에 철학은 반응한다. 존재에 대한 이야기로서의 존재론, 신에 대한 이야기로서의 신학, 영혼에 대한 이야기로서의 심리학은 지속적인 산문텍스트의 행간에 끼어들게 되고, 이제는 늘 존재기存在記, 신지神誌, 정신묘사精神描寫로서 드러난다. 철학적인 글들의 행들은 진리에 이르는 신중한 길이요, 절대적 정보에 이르는 고대 자료의 첩경이다. 그렇지만 그것은 곧 몇 줄이 많은 줄이 되기도 하고, 그 길은 위험하게 지연되기도 한다. 지혜의 벗들이 현실적인 앎의 생존시기를 요구하는지의 여부에 대해 아주 자주 의심이 들기도 한다. 이 기묘한 논증자가 마침내 장서藏書만을 소유한 채 어떠한 계몽도 하지 않을 수는 없지 않은가?

항상 그러하듯이, 저자로서의 철학자는 이 길고 가파른 길을 앞서 가면서, 권위라는 새로운 양태를 이룬다. 이는 글이 지니고 있는 심리적인 힘에 근거한 저작자의 신분이다. 시인에 대해 플라톤이 가한 악평이 있는 논박은 아름다운 말에 대한 심미안이 결핍된 혐오를 입증하는 것은 아니다. 그것은 불가피하게 매체간 경쟁의 표현이다. 매체간 경쟁이란 신, 영혼, 세계에 대해 새로이 사려 깊게 파악된 말들과 고대의 최면을 야기하는 광시狂詩 및 도취시키고 깊이 감동시키는 연극신학 사이에서 벌어진다. 플라톤은 동시에 그것을 통해 명령을 알리는 철학자가 말하는 신의 매개를 위해 힘을 쏟았다. 여기서 명령의 내용이란 나는 화려하지 않은 신이라든가 그대는 내 곁에 더 이상 노래하지 않고 시로 읊어지지 않은 신들이어야 한다는 것이다. 이제 더 이상 진정한 음악은 음정과 시구詩句를 만들지 않고, 산문적 논쟁과 변증법적 사상을 이끈다. 그리하여 플라톤의 저술은 구술口述과 문서 사이의 기원이 되는 한계에 놓여 있다. 그것은 또한 보다 오래된 음악적이고 음유적인 앎의 관례 혹은 전통과 보다 새로운 산문적이고 소통적인 앎의 조달 혹은 공급 사이의 경계 위에 서 있다.

플라톤의 텍스트가 지닌 매력은 아리스토텔레스의 글이나 아카데미 문학의 전체와는 달리 철저히 지혜로운 가수나 경건한 극 전문가의 화법에 근접한 것으로 보인다는 점이다. 2000년 동안 이상이나 철학의 음조는 학술적으로 논하는 산문적 논구로 확정되었다. 이는 르네상스 철학이 보인 몇몇 전조前兆 이후에 근대에까지 이어져 왔거니와, 이를테면 브루노Giordano Bruno, 1548-1600, 노발리스Novalis, 1772-1801, 니체 Friedrich Wilhelm Nietzsche, 1844-1900, 발레리Paul Valéry, 1871-1945 등이 그들이다. 특히 사르트르Jean-Paul Sartre, 1905-1980는 시적인 것과 논증적인 산문 사이에 새롭게 근접하고 있는 경우이다. 전체적으로 보면, 플라톤과 후설Edmund Husserl, 1859-1938 사이의 고전 철학의 견실함은 문자문화의 가장 강력한 결과라 하겠다.

이것이 오늘날 매체 혁명에 즈음하여 우리의 철학적 전통의 새로운 읽을거리가 왜 풍요를 기대할 수 있게 되었는가 하는 이유들 가운데 하나이다.

근대 세계는 자기이해에 따라서는 광범위한 반플라톤적인 실험을 수행하고 있다. 내가 보기에 이는 가능한 것으로 보인다. 왜냐하면 최고선이라는 옛 유럽의 이념에 앎과 행함의 토대를 놓을 수 있기 때문이다. 근대의 주도적이고 기술공학적인 실용주의는 형이상학적인 억압이 곁에서 제거되고 적어도 힘을 잃게 된 연후에야 비로소 자유로운 길을 걷게 되었다. 여기서 형이상학적인 억압이란 무제한의 도덕적이고 물리적인 실험의 길에 들어선 것을 말한다. 이런 관점에서 보면, 왜 근대성은 형이상학 이후에 탈억압이 지배적이게 되었는가 하는 이유가 명백해진다. 여기서 해방은 탈안정화와는 이중감정 병존의 양상으로 관련을 맺게 된다. 형이상학의 토대를 느슨하게 한 결과는 이중적으로 이익을 올리게 된다. 탈구조주의자들은 형이상학의 토대를 환영 혹은 환상이라고 말하긴 하지만 말이다. 무제한의 계획에 대한 권력부여는 밑바닥이 없는 내부세계를 발견함으로써 대가를 치르게 된다. 오늘날 많은 동시대인들에게 근대성에 대해 뿌리 깊은 불안이 있다면, 이는 확실히 끊임없는 권력의 신장과 저지하지 않고 안전장치를 풀어 놓는 것 사이에 분열을 경험하는 일과 연관된다. 반대감정의 병존이 지배적인 곳에서는 적극적으로 균형을 이루는 일이 어려워진다. 점점 더 많은 사람들이 더욱 더 강한 근거를 갖고서 근대의 세계실험이 지구적인 복권당첨놀이로서 표현될 수 있다고 의심한다. 명백한 점은 그 사이에 위험과 손실의 증가가 있다는 것이다. 근대적 정신의 생태학을 지배하는 규칙에 우리가 이름을 붙이고자 원한다면, 왜 근대화가 불가피하게 진보를 불안정한 의식 속에서 스스로 가져왔는지를 밝히지 않으면 안 된다. 이 점이 근대극에 참여하는 모든 배우와 관객들에게 충분히 분명해진다면, 어째서 이러한 경향이 낡은 토대로 회피를 통해 우회할 수 없는가 하는 이유가 자명해질 것이다. 오늘날 세계적으로 근대성에 대한 불신에서 비롯된 토대주의는 항상 의지할 데 없는 이들을 위한 단순한 보조구조일 수 있다. 그것은 보다 넓은 앎이 없는 가상의 안전을 낳을 뿐이다. 길게 내다보면, 그릇된 확신의 약을 통해 불행이 덮친 사회를 멸망시킨다. 토대주의가 이끄는 유혹에 대한 해독제로서 유럽철학의 앎에 관한 책을 새롭게 펼쳐 들거나, 고전적 사유의 행간들이나 방식들을 다시 한 번 따르는 일을 추천할 수 있다. 살아 있는 동안 그토록 사치스런 일을 반복하도록 우리에게 허용되는 한 그러하다.

'다시 사유한다'는 모토는 새로운 읽기에 대한 요청을 전제로 한다. 모든 유익한 새로운 읽을거리는 우리가 전통이나 관례를 되돌아보는 것에 내재되어 있는 보는 각도의 굴절과 관점의 이동에서 이익을 얻게 된다. 우리가 바로 형성된 원격적인 세계문명의 지식연관이나 소통연관에 있어 현실의 시급한 변혁의 의식적인 동시대인인 한에서 그러하다고 하겠다. 많은 징후들은 현대의 세대들이 세계형태를 파괴하며 지나가고 있음을 말해주고 있다. 이 세계형태의 파괴는 2500년 전에 고전철학이 도발했던 것처럼 그 깊이와 결과의 풍부함에 있어 마찬가지로 의미가 있다. 그래서 옛 파괴에 대한 연구는 또한 현실에 대한 이해에 영감을 불어 넣어 줄 수 있다.

오늘날 우리는 모험에 참여하지 않고서는 더 나은 앎을

얻을 수 없다. 이 모험은 자신의 역사를 검열하면서 우리를 향해 가까이 다가온다. 지성의 새로운 집합상태는 또한 철학적 앎으로 하여금 옛 학파로부터 새로운 정보를 얻게 해준다. 플라톤을 다시 읽는다는 것은 플라톤과 더불어 또는 플라톤에 반항하여[18] 우리의 지성의 실현을 위해 관계하며 작업하는 것을 의미할 수 있다.

---

18 Adriana Cavarero, Platon zum Trotz, Berlin 1992 참고.

아리스토텔레스
Aristoteles

    기원전 4세기 무렵에 유럽 학문사상 한 천재가 나타나 처음으로 기념비적인 완성을 실현하였다. 놀랍게도 그의 관심의 충만함이나 저술의 방대한 크기에 있어서, 그리고 개념적 구별의 통찰력에서 아리스토텔레스는 거의 신화적인 힘을 지닌, 유럽의 높은 지식 학파의 입구의 정면正面에 서 있는 인물이다. 그의 사상가적이고, 문필가적인 생의 업적을 바라보노라면, 중세 이래로 대학이라고 칭할 만한 것이 단 한 인간의 형상 속에서 선취되었다는 생각이 끈질기게 파고든다. 아리스토텔레스의 두뇌는 마치 교수단이 풍부한 대학의 평의원회와도 같다. 그는 이미 제1사물에 관한 철학적 가르침의 좌장격에 있다. 우리가 시대의 구분 없이 말해도 괜찮다면, 스펙트럼을 넓게 하여 신학, 자연과학 및 정신과학에 있어서 그러하다. 논리학과 같은 몇몇 교과에서 아리스토텔레스는 개척자이자 완성자였다고 하겠다. 유럽 대학의 역사는 중세의 절반이라 할 400여 년 동안이나 라틴어로 된 아리스토텔레스 연구에 바쳐졌다는 사실은 놀랄 만한 일이 아니다. 이 시기에 신을 가르치는 스콜라 철학이 위대한 그리스인에게 의지하고 있다면, '철학자가 말한 바와 같이ut ait philosophus'라는 어법으로써 이를 위험이 없이 안전하게 행할 수 있을 것이다. 이 상투어를 사용함으로써 아리스토텔레스만큼 존경받은 사상가는 결코 없었다. 초기 근대적 사유가 스콜라 철학의 권위주의의 옥사獄舍로부터 탈출을 성공했을 때, 다시 아리스토텔레스라는 이름이 등장했다. 그런데 이제는 부정적으로 강조되면서 다음과 같은 평판으로 이러한 경향이 표현되었다. 즉, '여기에 아리스토텔레스의 잘못이 있다!'라는 외침은 새롭게 철저히 연구하면서도 지나치게 이식移植되고 형식화된 학문분야에서 모험을 즐기는 독자성의 표시가 되었다.

아리스토텔레스의 업적을 살펴보면 다음과 같은 점을 인식할 수 있다. 즉, 고대에 지혜를 사랑하는 사람들이 많은 것을 서약했던 '이론적인 혹은 관조적인 삶bíos theoretikós'은 근대적으로 이해된 한가함이라는 의미로 잘못 오해되지 않아야 한다는 것이다. 나중에 로마인들이 '관조적 삶vita contemplativa'이라 부르곤 했던 것은 종종 철학적 탐구에서 '행동적 삶vita activa'과 다름없었다. 이론 자체는 금욕에, 쉬지 않고 활동하는 운동에, 논리적이고 도덕적인 힘들의 일상적인 긴장에 근거를 두고 있다. 철학자들은 범주들 안에서 경기하는 자들이다. 확실히 지성적인 금욕은 그 자신의 즐거움을 갖지 않고서는 안 된다. 아리스토텔레스가 자신의 『형이상학』에서 다음의 문장을 제시할 때 그러하다고 하겠다. 즉, 모든 인간은 자연적으로 인식을 추구한다는 것이다. 그리하여 그는 그에 있어선 영원히 인격적인 경험이었던 인간학적 주제를 일반화하려고 하였다. 그 자신의 끊임없는 운동에서 활동적인 지성을 즐기게 된다. 인식에 대한 이러한 자기도취는 신을 닮으려는 데서 분명해진다. 그의 가장 건조한 열거에서 그리고 가장 근면한 결출함에서 아리스토텔레스의 사유의 업적은 앎과 즐거움 사이의 근원적인 연관을 증언해준다.

　사람들은 교육자 및 지혜의 교사로서 아리스토텔레스가 이른바 대왕이라고 불린 알렉산더를 저지하지 않았기 때문에 명예를 실추한 것은 아닌가 하고 질문을 던진다. 이 물음에서 다음과 같은 확신이 공명共鳴하게 된다. 즉, 철학이 만약 의지를 매번 권력으로 전환하여 모든 광기의 야망을 압도했더라면, 그제야 비로소 철학의 목표에 도달한 셈이었을 것이다. 말하자면 탐구자는 지혜의 척도로서 측정한다는 것이다. 지혜는 극단적인 의미에서 그리고 비교적秘敎的인 의미에서 아리스토텔레스의 일이 아니었다. 그에게 지혜는 사려 깊음이라는 말로서 인간적으로 가능한 일을 말하는 것이었다. 아리스토텔레스로부터 사람들은 어떻게 우리가 논리적이고 경험적인 탐구를 예술의 법칙에 맞게 시도할 수 있는가를 아마도 배울 것이다. 그러나 어떻게 우리가 계몽된 자기절제로 다시 태어나기 위해 혼란스런 고뇌 속에 소멸되어 가는가를 배우는 것이 아니다. 아리스토텔레스는 자신의 뛰어나면서도 야성적인 제자들로부터 플라톤이 요청한 철학자 왕을 만들어낼 능력이 없었다. 동시대의 가장 위대한 사상가와 여러 해 동안의 교제 후에도 철학보다 더 높은 곳이 있다는 믿음은 알렉산더에게 생생하게 머물러 있었다. 아리스토텔레스 입장에서 보면, 대단히 탐욕스런 후작의 아들을 철학적으로 힘차게 제어하는 과제보다도 더 중요한 일이 있었다. 알렉산더의 이집트와 인도 모험은 마케도니아의 제국주의에 불을 지피는 일이었다. 논리가이자 탐구자인 그는 알렉산더의 특성인 호기심을 모든 크고 작은 정책으로써 계속하여 의사일정에 고려하여 넣었다. 일을 많이 했던 수십 년간 아리스토텔레스는 앎의 대왕국을 창조해냈다. 앎의 더 넓은 역사를 사람들은 상세하게 말하고자 했으며, 적잖이 유럽학문의 서사시로서 근대의 입구에까지 다다랐다.

책 속에 있는 아리스토텔레스의 제국은 그 저자가 더 이상 살아 있지 않을 때에 개별교과라는 여러 후계자의 왕국으로 와해되었다.[19] 그에 앞서 어떤 사상가도 아리스토텔레

---

19 역주―이는 마치 알렉산더 대왕이 죽은 후에 그를 계승한 장군들이 영토를 여러 조각으로 분할한 경우와 비유된다. 그가 죽은 뒤 대제국 영토는 마케도니아·시리아·이집트의 세 나라로 갈라졌다.

스를 의식하지 못하였지만, 공동체의 업적으로서 앎의 건축물은 많은 세대들을 견고하게 할 수 있었으며 탐구하는 지성은 시대 속에서 간직되었고 낙관적일 수 있었다. 그로부터 후대의 학자들은 그들이 어떻게 학문의 혈통 안에 서 있어야 하는가를 배울 수 있었다. 앞선 전임자들에 비해서는 자의식적인 감사하는 마음과 분별 있는 자부심을 갖고서 그리고 뒤를 잇는 후계자들 앞에선 몇몇 새로운 업적이 그를 정당화 해준다면 말이다. 그리하여 앎의 전통에 관한 한, 아리스토텔레스는 중용의 인물이라 하겠다. 윤리학자뿐 아니라 자연과학자로서 그는 항구적이고 정상적인 것 안에서 존재의 기적을 찬미하였다.

아우구스티누스
Augustinus

　아우구스티누스Sanctus Aurelius Augustinus, 354-430는 후세에 유일
하게 영적으로 그리고 심리학적으로 초기 기독교의 길을 세
세하게 비추어준 사상가의 인품을 보여준 인물이다. 아마
도 대체로 그는 고대의 가시적 특성을 아주 분명하게 지니
고 있다고 하겠거니와 르네상스 이전의 유일한 세계사적 개
인이었다. 우리는 확실히 그로부터 많은 것을 수용하고 있
다. 아우구스티누스가 세계와 인간성에 관한 고대의 파악에
분명히 묶여 있지 않다고 하더라도, 그에게서 뚜렷이 나타
나는 이런 불확실한 특권이 근대의 개인주의나 초상화문화
의 양상에 대한 많은 경향을 앞서 행했다는 것을 뜻하지는

않는다. 또한 그는 확실히 자신의 시대를 앞선ante litteram 실존주의자는 아니다. 아우구스티누스는 자신의 업적을 통해 동시대 사람들과 후세에 그토록 지체없이 넘기려고 했던 바는 무엇보다도 그의 획기적인 『고백론Confessiones』에 의한 것이다. 『고백론』을 통해 그는 스스로를 드러내는 문학의 시조가 되었는데, 이는 히포의 주교였던 그가 자기 스스로에 반反하여 이끌었고 또한 자기 스스로에 대항하여 얻었던 신학적 과정의 결과물이다. 우리가 아우구스티누스에 관하여 그렇게 동적이면서도 구체적이고 인간적이며 사색적이고 대단히 날카로운 인상을 갖고 있다면, 무엇보다도 그 까닭은 아우구스티누스 자신이 수집한 증거를 갖고서 그리고 신앙고백의 순수한 불꽃으로 던지면서 추구했던 생의 전환과 죄에 빠지기 쉬운 경향을 보여 준 간접증거일 것이다. 아우구스티누스는 자기 자신을 한 인간의 범례로 진지하게 받아들이면서도, 신의 도움으로 결국은 신을 자기 자신보다도 더욱 진지하게 받아들였기 때문에, 눈에 띄는 존재가 되었고 또한 그런 존재로 여전히 남아 있는 것이다.

"나는 그대를 느지막이 사랑했네. 오 아름다움이여. 그렇게 오래되었으면서도 그토록 새로운. 나는 그대를 느지막이 사랑했네." 스스로 단념하고 포기하는 태도에는 비록 그가 철학적인 신학자로서 플라톤이라는 선행자의 영향에 마지막까지 충실했다 할지라도, 근원적인 철학함의 헬레니즘적인 동기로부터 얼마나 멀리 떨어져 있었는가 하는 것이 역력하게 드러난다. 왜냐하면 철학적 헬레니즘이 본질적으로 인식하는 영혼을 그 영혼이 고찰하는 높은 대상으로 끌어올리도록 각인하는 반면에, 신과 인간에 대한 아우구스티누스의 언급은 끊임없이 양가감정兩價感情 병존상태로 수행되기 때문이다. 아우구스티누스는 신의 흔적을 지닌 자로서 인간적인 내면의 가장 높은 특징을 지닌 것으로 보인다. 그는 동시에 초월적인 위엄 아래에 인간을 내려놓는, 저항할 수 없는 흐름에 빠져들게 한다. 이런 관점에서 아우구스티누스의 업적은 기독교의 점차적인 그리스화에 있어서 라틴적인 국면의 특징을 드러내고 있다. 거기에서 우리는 초기 교리사의 원리를 인식한다고 믿게 된다. 아우구스티누스의 현상은 이념사적으로 그리고 정신사적으로 운명적이 되었다. 왜냐하면 그를 통해 고대세계의 가장 동적인 사상, 곧 플라톤이 실존 이전의 직관적인 선에 따라 사랑을 향수鄕愁로 해명하는 것은 효과가 풍부하면서도 음울한 새로운 해석이며 실로 곡해에 부닥치게 되었기 때문이다. 플라톤주의자에 있어 신체에서 정신영혼은 기억의 혼탁을 일으킨다. 기억의 혼탁으로부터 육화肉化된 영혼은 기억의 소환에 일치하는 정도에 따라 회복되며, 그 결과 선에 대한 회상은 순수하게 되고 완전하게 된다. 이에 반해 차차 어두워진 아우구스티누스 주의의 영혼은 치유할 수 없는 부패로 얼룩지게 되었다. 그리하여 너무 선한 것에 대해 회상하는 일은 자력으로는 결코 깨진 선의 부분을 다시는 찾을 수 없다는 절망적인 통찰로 끝나게 되었다.

이러한 아우구스티누스적인 전회轉回는 불가능한 것으로 결정이 났지만, 그것이 발견의 특성그러므로 인식이나 또는 발명의 특성계획이나 투사이 되는지 여부는 철학의 기독교적인 재앙으로 이끈다. 그러한 전회는 다소간에 분명히 우울한 천년을 열었거니와 거기에서 인간이성은 최상의 것으로부터의 일방적인 분리라는 트라우마에서 결코 회복될 수 없다. 이러한 인간적인 편에서의 회복할 수 없는 분리의 특성에서야 비로소 일방적으로 신에게 모아진 사랑의 동기는 압도적인 것이 되었다. 상호성을 잃게 되고 인간의 친절과 호의가 무無로 끝나는 곳에서 은총의 왕국은 시작된다. 철학은 아마도 선물과 증여물을 고려할 수 있다. 하지만 신학의 왕국은 은총이라는 새로운 주도개념을 통해 성립된다. 은총론은 신 아래에서의 인간적 상실을 교조적으로 돌보는 일에 기여한다. 아우구스티누스는 지금까지 피학대적인 에너지를 통해 유럽의 사유 속으로 흘러들어가게 하는 수문水門을 열었다. 그를 보다 높은 위력의 위상으로 끌어 올린 근본적 특성을 지니고서 그는 인간적으로 치유할 수 없는 것을 현실해명의 주된 동기로 높이 올렸다. 거기로부터 더 이상 사랑은 마치 신적인 것처럼 그리스도를 통하여 다시 치유되지 못했고 또한 허용되지 못했다. 그러나 그 자체로서 사랑은 고통스런 개별성에 의해 그늘을 드리우게 되었다. 왜냐하면 신의 사랑은 이제 더 이상 일반적이고 조건 없이 몫을 보증해주는 애착이 아니라 강한 선택이고 겸손한 은혜이기 때문이다.

결론적으로 말해 단지 인간적인 방식으로 사랑하는 사람, 곧 항상 자기 자신만을 생각하고 자신의 강한 욕망만을 생각하는 사람이 무대에 등장하는 곳에서 후기의 아우구스티누스는 예외 없이 상실의 상흔Stigma이나 원죄의 흔적을 본다. 이 흔적은 모든 지움의 가능성보다 더 깊이 미치고, 인간으로서 할 수 있는 모든 성공보다도 더 깊이 다다른다. 우리는 아우구스티누스가 이러한 방식으로 철학을 고대의 광적인 구성으로부터 떼어 놓고 울적함을 보호하였음을 말할 수 있다. 또한 그에 있어서는 이미 인간은 헛된 번뇌이지만, 무상함의 근거는 근대적 실존주의에서와 같이 인간조건conditio humana의 부조리한 구조가 아니다. 아우구스티누스에 있어서의 인간은 상실되고 낭비된 삶을 산다. 그 까닭은 인간이 태생상 날 때부터 원죄의 흔적을 통해 신에게서 제외되어 최후에는 치유의 확실성에서 지속되어야 하기 때문이다. 아우구스티누스에 있어서는 인간이 치유할 수 없다는 사실이 항상 불확실성과 더불어 신의 불투명성 속에 묶여 있다. 아마도 또한 나아가 몇몇 사람들에게는 구원의 채움이 있거니와 근원의 영광으로 자유로이 다가감이 있다. 무조건적인 선의 탁월함에서 인간 정신영혼에 자연스레 주어진 몫은 자기구조를 위한 충분한 근거와 안전한 안내를 최상으로 눈앞에 두기 위해서는 더 이상 넉넉하지 못하다. 아우구스티누스의 영역에서 또한 마지막까지 구원을 의심하는 가장 경건한 근거는 지속하고 있다는 것이다.

　신의 선택이라는 통찰에 직면하여 그리스 사람들의 지적 낙관주의는 실패하였다. 아우구스티누스의 우울한 명상 아래에서 신의 자족성은 인간의 편에서 침입할 수 없는 요새로 성장하였다. 그 요새에서는 다만 삼투할 수 없는 신적인 의지행위를 근거로 처음부터 상실되지 않은 것으로 여겨지는 자만이 받아들여진다. 아우구스티누스의 피학대적인 기초활동 혹은 작용은 신과의 동일시에서 비롯된다. 신에 거슬리는 경우엔 인간영혼은 항상 옳지 않다. 만약 인간영혼 그 자체가 잘못 던져진 것에 속한다면, 신에게 인간영혼은 무조건적으로 옳은 것으로 주어지지 않으면 안 된다.

　그래서 파스칼이 어느 날 계시啓示의 불확실에 직면하여 신의 존재에 내기를 걸었던 것처럼, 아우구스티누스는 선택받음의 불확실에 직면하여 무조건적인 체념에 내기를 걸었다. 그가 지닌 심리학적 독창성 내지 천재성은 인간에게서 체념을 언짢아하는 자기주장 혹은 자기옹호를 항상 새로운 전환과 귀환의 입장을 찾아내는 데서 증명된다. 그리고 바로 인간이 결코 전적으로 그리고 간계計없이 몰두하지 못하는 이러한 고찰은 아우구스티누스에게 자신의 청년시절의 자만심이나 허영에 반한 본보기의 과정이 되도록 영감을 주었으며, 또한 자신의 중년의 환영에 반하여서도 영감을 주었다. 그는 자신의 중년에 접어들어 자신의 표피를 기독교적 철학주의에서 구제하려고 시도했다. 신의 검사檢事로서 무서운 주교는 모든 인간적인 자기관계성에서 자신에 거슬러 그리고 운명을 같이 하는 다른 모든 자들에 반하여 고발이나 고소의 편을 대표한다. 그는 자신의 단념하지 않은 완고함의 모든 은신처에서 원죄를 고발한 자로서 그리고 원래의 폭동이나 봉기를 고발한 자로서 드러난다. 이때 내적 인간에 거주하는 것은 진리뿐만 아니라 절망의 근거, 나르시시즘적인 원한, 신에게 낯선 타락, 악마적 분리주의[20]의 흔적이 분명히 드러난다.

아우구스티누스가 여기서 궤도에 올린 것은 인간적 자기

---

20 역주-정교(政敎)의 또는 국가의 일부 분리주의.

애에 대한 근본심문과 다름이 없다. 인간적 자기애란 고대 유럽의 인성사人性史에서 항상 있어 왔던 바이고, 이는 스스로에게서 영감을 부여받은 궁극적인 나에 대해 내린 피히테의 평결이기도 하다. 또한 인간적 자유를 이기적으로 잘못 사용한 쉘링의 분석이며, 두 다리를 지니며 감사할 줄 모르는 동물로서의 인간에 관한 도스토옙스키Fyodor Mikhailovich Dostoevskii, 1821-1881의 언명이기도 하다. 또한 인간적 자기애自己愛에 관한 프로이트Sigmund Freud,1856-1939의 후기 이론, 스스로 말하며 듣는 언어에 대한 자크 데리다Jacques Derrida, 1930-2004의 비판, 또한 우리 시대의 대중 개인주의에 대한 신보수적 불평이 있는바, 이는 모두 아우구스티누스와 가톨릭 신부들에 의해 던져진 반나르시시즘적인 심문에 속한다. 마음이 분리된 채 자만하는 인간에 반대되는 절차의 공리는 신의 마음에 드는 자는 스스로 마음에 들지 않다는 것을 뜻한다. 진리에 대한 진리는 진리가 관계된 자들을 위해서는 두렵지 않으면 안 된다는 것이다.

근대는 인간 역시 신의 존재 없이는 스스로를 불쾌하게 할 수밖에 없다는 사실을 발견했다. 진리와 우울함은 상호

연관 속에서 전개된다. 이런 상호연관은 신의 존재 없이 엄청난 사디즘을 생각하게 하고 신의 존재 없는 무한한 은총을 생각하게 하는 것이다. 선한 근거로부터의 인간적 분리의 해명에 대한 아우구스티누스의 기여와 인간적 자기확신의 날카로운 파괴는 바로 기독교의 고전주의자에게 수없이 많은 기독교 이후의 독자층을 확보해주고 있다.

브루노
Bruno

　막강한 영향력을 행사한 기독교적인 스콜라 철학의 지배로부터 벗어나 근대의 유럽적 사유를 수행하기 시작한 르네상스 철학자들의 훌륭한 대열에 조르다노 브루노의 거무스레한 실루엣은 인상 깊게 우뚝 솟아 오른다. 1600년 2월 로마에서 거행된 화형식 이래로 그의 이름은 근대의 자유정신의 순교에서 한 걸음 더 나아가 범신론적 방탕함과 우주론적 대담함의 평판에 둘러싸였다. 그의 사후에 남겨진 운명은 사람을 현혹하는 영광에 의해 그리고 자신의 삶의 나쁜 행운의 여신에 의해서 유지되었다. 그의 운명은 우리에게 그를 지지하는 자들과 해석하는 자들이 그의 저술에서 읽은 것보다도 더 많은 것을 그의 재 속에서 불씨를 일으키지 않았나 하는 인상을 일깨워주고 있다.

실제로 정신사를 보면, 그들 후대의 삶이 몽상을 좋아하는 공감자들의 관심을 투사하거나 받아들이는 정도를 규정해주는 소수의 저자들을 알려준다. 그래서 소수의 예외가 있긴 하지만 브루노 수용사는 좋은 뜻으로 말해 읽기에 약점이 있어 보인다. 기댈 필요가 있는 많은 후계자를 브루노는 구전口傳으로 갖고 있다. 이 구전이 뜻하는 바와 같이 브루노는 이들에게만큼은 기댈 필요가 있는 인물로 거론간주되었다. 모든 학생조합들의 동맹을 추구하는 자는 그 일을 위해 브루노를 끌어들였으며 자유사상가 집단, 반교회적이거나 반성직자 집단, 범신론자들이 첫 번째 자리에 있었다. 최근에는 더군다나 확실한 가톨릭의 경건주의가 그를 향해 손을 뻗치고 있다. 그의 희생의 후광으로부터 이익을 얻으려고 그의 곁에서 불타버린 것처럼 보이는 것을 잡으려고 사람들은 밀고 나아간다. 그러한 집요함은 이교도 철학자의 역사를 위한 전형적인 메커니즘이 되었다. 또한 그러한 집요함은 더 나은 앎의 결여에 의존하고 있는 한, 19세기 이래로 형성된 유럽에서 라틴적인 것이 죽은 언어의 나락으로 떨어진 사정으로부터 하나의 좋은 부분을 설명해주고 있다. 그리하여 결정적으로 라틴어로 파악된 브루노의 저술이 오랫동안 납골당에 안치되어 있다. 브루노 사유가 지닌 힘과 크기를 가장 인상 깊은 언명으로 중지하고자 하는 자는 먼저 마법사 브루노, 기억의 예술가, 물질을 사랑하는 자, 형성자— 존재론자 및 교사를 자신의 라틴어 납골실로부터 벗어나 유연한 변화를 자유롭게 하는 수고를 하도록 해야 한다. 근대적 언어의 관점에 자극을 고려하기 위해서 그러하다고 하겠다.

독일 독자들에게 오래전에 잊혀진 브루노의 라틴어저술들에 다가갈 수 있도록 입구를 열어준 일을 시작했던 것은 엘리자베트 폰 삼소노프Elisabeth von Samsonow,1956- [21]의 업적이다. 더구나 중요한 것은 르네상스 연구로 알려진 위대한 노부인인 프랑스 아멜리아 에이츠Frances A. Yates, 1899-1981[22]의 작업을

---

[21] 역주-오스트리아 Wien 대학의 조형예술학부 교수이며, 『조형정신에서의 소녀의 탄생』(Die Geburt des Mädchens aus dem Geiste der Plastik, Schlebrügge Editor 2010)이라는 저술이 있음.

통해 그녀가 자극을 받았다는 사실이다. 그의 저작은 근대의 신화 속에서 오해받은 측면을 증명해주고 있다. 그것은 상상의 철학의 정신으로부터 근대성의 탄생을 예시하고 있다. 세계를 구성하는 상상력의 업적에 관한 브루노의 가르침의 재발견에 따르면, 이념사가가 지니고 있는 경향은 데카르트로부터 실현된 근대적 사유가 어느 때보다도 의문시된다는 점이다. 우리는 시작의 과정에 있는 근대성의 널리 알려져 있지 않은 보물창고의 열쇠를 찾기 위해 브루노나 세익스피어 그리고 베이컨의 우주로 되돌아가야 한다. 그에 앞서 어떤 사상가도 어떻게 브루노를 기억의 우주 역동성 안으로 가라 않게 하기 어렵다. 기억memoria의 본성과 기능에 대한 자신의 통찰을 갖고서 조르다노 브루노는 오늘날 마치 세계수수께끼의 피난처처럼 인간의 지력을 굴복시키는 또는 구부리게 하는 동시대인이 되었다. 그가 회상과 기억의

22 역주-Frances A. Yates는 영국의 역사가로서 런던대학의 Warburg 연구소에서 여러 해 동안 가르쳤다. 대표저술로는 Giordano Bruno and the Hermetic Tradition (1964), The Art of Memory (1966), The Rosicrucian Enlightenment (1972)가 있다.

예술적 특성을 강조했기 때문에, 브루노는 근대의 최초의 예술가적 철학자가 되었다.

우리는 브루노의 원고 위에 남아 있는 재를 불어서 떨어 버리는 또는 불어서 끄는 시대에 살고 있다. 이탈리아어와 라틴어 산문의 대가였던 한 사상가를, 그의 현실적인 사고를 밝혀주는 문자를 어떻게든 존경하는 시대에 살고 있다.

Hegel
Wilhelm Joseph von Sc...
Schopenhauer
...en Kierkegaard
...ich Marx
Wilhelm Nietzsche
...und Husserl
Joseph Johann Wittge...
...n Paul Sartre

데카르트
Descartes

　근대철학을 발기하고 창설한 시대에, 역사서에 기술되곤 하는 사유의 역사에는 17세기에 그러했듯이 동시대인들에게는 매우 낯설었던 몇몇 획기적인 기원들이 있다. 실제로 후에 태어난 사람들이나 후에 생각하는 사람들에게는 프란시스 베이컨Francis Bacon, 1561-1626, 르네 데카르트René Descartes, 1596-1650, 토마스 홉스Thomas Hobbes, 1588-1679와 같은 새로운 철학자들의 모습에서 있었던 하나의 시대를 옮겨 놓는 일은 거의 가능하지 않아 보인다. 이러한 위대한 인물들의 이름과 결합되어 있는 충격적 역사의 힘에 현혹되어, 우리가 편견 없는 눈으로 이러한 시대를 돌이켜 보는 일이란 거의 불가능할 것이다. 우리가 나중에 근대의 계획이라 명명한 거기에 선 몇십 명이나 되는 통신원들 사이에 자극을 준 서신교환보다 더한 것이 거의 없었다.

역사의 낙관적 기만에 의하여 처음에는 단지 권력과 방법 사이에 놓인 내적 연관에 대한 간절한 예감에 불과했던 것이 기술공학적 힘을 행사하는 시대를 열었다. 탁월한 저자들의 반≠ 신화적인 성질은 17세기의 기억할 만한 일에 속한다. 기초를 다지는 시도와 기원을 도려내는 프로그램은 그들의 탓이었다. 이러한 신화적인 태도는 근대의 보수적인 적敵에 의해 곧장 진지하게 넘겨졌다. 그리하여 데카르트라는 이름은 신의 의지에 의한 사물의 질서로부터 너무 자의식적인 인류의 불손한 일탈을 뜻하는 상징이 될 수밖에 없었다. 1663년 이래로 그의 저술이 가톨릭 교회의 금서목록[23]에 올라 있었는데, 19세기에 데카르트의 복권을 프랑스혁명

---

23 역주-금서목록(禁書目錄, Index Librorum Prohibitorum)은 16세기부터 20세기까지 로마 가톨릭교회에서 금지한 출판물의 목록으로서, 그 궁극적인 목표는 외설적이거나 신학적으로 올바르지 못한 내용을 담고 있는 글을 읽지 못하게 함으로써 신앙과 정숙함을 지키는 것이었다.

의 먼 시조로 본 것은 헛된 일이 아니었다. 그가 다만 두세 줄로 모든 사물을 해명하기까지 코기토Cogito의 원리를 사유의 토대로 삼았을 때 그러하다고 하겠다. 물론 데카르트가 살았던 세계는 시민혁명의 세계가 아니라 종파전쟁의 세계이다. 그가 자신의 근본적인 글을 통해 확실성과 개연성의 차이를 말했던 열정은 직관에 대한 강의에서 제공했던 바이다. 왜냐하면 종파 간에 벌어진 30년간의 전쟁 —이는 데카르트의 깨어 있는 생애와 거의 일치하는 시기이기도 한데— 은 한갓된 개연성의 전쟁과 다름이 없다. 이러한 개연성은 신학세미나로부터 전쟁터로 솟아오른 것이 아닌가?

개연성에 대한 광신 혹은 열광이 빚은 병역兵役에 반하여 데카르트는 자신의 방법의 절대적 명증성과 안전하고 평화로운 보행법에 대한 고백을 하고 있다. 방법과 명증明證이 우위를 차지하는 곳에서는 철학자가 이해하는 바와 같이 무장한 광신과 지위의 참칭이 퇴각하게 된다. 전쟁이 끝날 무렵에는 불확실성이 물러나게 된다. 규제되고 결합된 이성의 안전한 길로 진리를 사랑하는 모든 정신의 평화적인 진행을 하도록 하는 일보다도 더 이상적인 것은 있을 수 없다. 데카르트의 위대한 이상은 사유를 다툼이 없는 공간으로 옮겨 놓는 일이었다.

방법이라는 말을 그토록 많이 약속한 인물은 사유의 역사에서 아마도 데카르트를 제외하고서는 어떠한 저작자도 없을 것이다. 새로운 엄밀한 사유의 배음倍音 속에서 평화주의의 진동이 분명하게 들릴 정도로 공명한다. 그에게서 자기 안전과 연대감, 선견지명과 진취적 기상은 둘이 아니라 하나이다. 방법이라는 개념에서 데카르트는 아리스토텔레스의 대학에서 일반적으로 알려진 독단적인 바탕을 거절한다. 데카르트의 성찰은 전통의 요청과 전통의 교수들을 우아하게 그리고 반권위적으로 거부한다. 새롭게 시작하는 힘을 지닌 자는 죽은 자와 더 이상 대화를 이끌어 가지 않는다. 새로운 측면을 세우는 자는 무엇보다도 역사와의 대화로부터 자유롭다. 그러한 성향性向에서 볼 때, 새로운 철학자는 무력하고 자기관계적인 소르본느 대학문화의 논증시합에서 어떠한 취향도 찾지 못한다. 당시 소르본느 대학문화는 오랫동안 예술과 공방과 회계실의 연관을 상실했다. 방법이라는 말로써 데카르트는 오늘의 창을 열어 젖혔다. 이것은 견고하게 된 인간적 가능성이 새로이 논리적이고 도덕적인 토대를 세우도록 요구하는 하나의 시대였다는 점을 보여 주었다. 그리하여 데카르트가 옛 혈통, 전쟁, 귀족 및 보다 젊은 프랑스 귀족[24] 외에 모든 계층에서 동지들을 규합하여 독자적인 방식으로 방법이라는 귀족을 새로 만들었을 때에, 그런 한에 있어 그에 소속한 사람들은 명석함과 판명함에 대한 서약을 벌써 하고 있었던 셈이다. 새로운 것을 할 수 있다는 이들 집단의 반봉건적 성격은 처음부터 의심의 여지가 없었다. 철학하는 귀족인 데카르트가 비록 상속되기도 하고 자신이 스스로 만들기도 한 자신의 이중적 귀족의식에 대해 의혹을 일으키지 않았다 하더라도, 그 안에서 자연스럽게 결합된 시민적 지성의 후속 세대들이 그렇게 인정했다. 편견 없이 스스로 사유하는 정신을 지닌 계층이 데카르트의 귀족 권능으로부터 성립되었다. 이 계층은 초기 근대로부터 유럽지성의 비판적 효소를 발효시켰다. 오늘날에도 프랑스인들이 지니고 있는 합리주의적인 국민성격의 신

---

24 역주-프랑스 계몽주의 사상에 중요한 역할을 했던 자유주의적 귀족을 말한다.

화에서 명료성이라는 데카르트의 우선권을 증거로 끌어들이는 데에는 그럴 만한 충분한 이유가 있는 것이다.

이론사적 사건으로서의 데카르트는 이성의 근본적인 통화개혁을 대변한다. 말이 질주하듯 빚어진 담론의 인플레 상황은 속박 받지 않는 알레고리의 메커니즘과 신학자들의 언어놀이의 번성함을 통해 환기되는바, 이 시기에 데카르트는 의미 있는 말을 위한 새로운 가치기준을 만들었다. 비유하건대, 이는 증명의 금본위제로 이루어졌다. 이러한 가치의 필연적인 결핍은 언제나 진실한 문장으로부터 한편으로는 좋은 성찰이, 다른 한편으로는 유용한 기계가 나올 수밖에 없다는 조건에 기인한다. "누군가에게 유익하지 않다는 것은 그만큼 아무런 가치가 없다는 뜻이다."라는 명제는 『방법서설』의 저자가 밝히는 바이다.

만약 데카르트의 이름이 시대를 통하여 논쟁의 여지가 있다면, 무엇보다도 다음과 같은 이유일 것이다. 즉, 그가 거의 다른 사람처럼 신학자에 반反하여 기술자의 승리를 상징하고 있기 때문이다. 그는 사유에의 길을 터 주었다. 그 길은 조건 없이 시대의 과제를 위해 열리었다. 기계를 제작하지 않는 지성의 형식은 거기에서 정당하게 데카르트의 충동을 통해 가치를 떨어뜨리거나 부인하는 것으로 느껴진다. 분석적 신화의 창조자로서 데카르트는 동시에 기계제작의 형이상학을 만들었다. 거기에서 그는 모든 존재하는 것을 단순히 가장 작은 부분들로 나누기 시작했으며, 그들 연관관계를 지배하는 규칙들을 알리고자 탐구했다. 그는 사유를 분석과 종합의 동요에 의무를 지우는 가운데, 이성 자체를 기술자의 형태에 맞게 그리고 이성으로부터 옛날의 관조적 평온함을 취했다. 이제 사유는 노동의 내면화된 형식이 되었고, 정신 자체의 삶은 유용한 사물을 생산하는 길목에 들어섰다. 데카르트의 기계적인 근본 논증이 신학적 전통과의 단절로 이끈다는 점을 믿는다는 것은 마치 잘못된 일인 양 보인다. 바로 과학적 사유의 방법론적인 새로운 시작에서 고유한 형이상학적 활동으로서 기초를 두는 일이 밝혀진다. 그러나 위대한 철학적 합리주의에서 다만 신은 토대의 토대를 산출할 수 있거니와 데카르트 유형의 근대철학은 특성상 신학과 기계론 사이에서 동요한다. 독일 이상주의 혹은 관념론의 위대한 체계 건축가들이 데카르트를 그들의 선

구자로 찬양한 것도 헛된 일이 아니었다. 위대한 프랑스인
들을 위해서와 마찬가지로 독일 이상주의 혹은 관념론의 위
대한 체계건축가를 위한 그 기초는 사유의 경건함이다. 하
지만 이제 토대의 기능을 위해 의식을 가져와야 한다. 그것
은 선험적 맹아[25]의 근대성을 형성한다. 20세기의 의식철학
의 근본입장을 해명함으로써 비로소 데카르트의 우주는 전
적으로 역사적이게 되었다. 데카르트의 업적은 실제로 학문
과 사려분별을 짜 맞춰 이어주는 증거로서 남아 있다. 학문
과 사려분별의 이러한 교차는 종전보다 오늘날 더 많이 철
학적 사유에 불안정한 존엄을 수여한다.

---

25 역주-이 선험적 맹아는 아마도 칸트의 선험철학으로 이어졌다고 하겠다. 특
히 선험성은 가능한 경험을 전제한다.

파스칼
Pascal

　괴테나 니체 같은 저술가를 통해 교육을 받은 자는 사유를 위하여 여러 시기에 걸쳐 친화성과 적개심에 빠지곤 하는데, 이 시기를 대변하는 20세기의 파스칼 르네상스는 근대 정신사에 있어서 가장 적합한 수용적 사건들 가운데 하나로 나타난다. 비기독교적인 실존주의처럼 자명한 것에서 필연적인 것까지 단 하나의 발걸음만 있을 뿐으로, 기독교 사상가들은 20세기 전반기 동안 파스칼에게서 혈연처럼 친밀한 영혼의 자취를 느끼지 않을 수 없었다. 그가 내놓은 불협화음은 우리의 시대를 도모하지는 않았는가? 그의 멜랑콜리는 또한 벌써 계몽에 지친 후기 근대가 되지 않았는가?

인간에 대한 그의 말이 이미 이전의 어떤 다른 세기와도 달리 지금 이 세기에 인간이 풍요로움을 배우고 있는 문명의 자기경험과 기질이 같지 않은가? 인간이 내세운 높은 목표의 계획이 타락에 직면해 있는 것처럼 그의 말 또한 중얼거림이 되어 버린 것은 아닌가?

파스칼이 어느 잊을 수 없는 표현을 통해 인간을 생각하는 갈대라고 말했다면 누가 새로 체험한 부서지기 쉬운 나약성에 대한 징표로서 인간을 이해하지 않을 수 있었겠는가? 그리고 만약 그가 힘을 빼앗긴 왕으로서 인간을 다룬다면, 누가 우리 시대의 사회정치적인 큰 계획을 생각하며, 세계창조의 지나친 긴장의 끝에 있겠는가? 왕관을 잃은 역사 제작자와 웃음거리가 된 자연창조자는 우리 시대의 두 가지 특징적 인물가면에 속한다. 이 인물은 파스칼의 인간학적 진술에서 발산하는 것으로 보인다. 적어도 그의 저술의 많은 부분에서 보이는 파스칼의 놀랄 만한 접근은 하지만 최초의 실존주의적 음조가 후기의 친화력을 통해 투사적 획득을 쉽게 했음에 틀림없다는 사실로 환원되지는 않는다.

파스칼 역시 철저한 수정주의적 관심에 주목한다. 거기에

선 플라톤적이고 기독교적인 이념사의 전체 운명을 활력 있고 주체비판적인 근본입장으로부터 해체적으로 고려하는 일이 중요하다. 니체는 어떻게 이러한 적대적 관계가 과거 세계의 가장 위대한 사람들 앞에서 멈추지 않는가를 시범으로 보여준 사람이었다. 최고의 해체주의자인 니체는 폭력에 가까울 만큼의 생동감이 넘치는 힘을 갖고서 도덕화된 형이상학적 세계관의 기초자들인 소크라테스, 바울과 아우구스티누스를 초시대적인 투쟁의 싸움터로 불러냈다. 그는 이러한 거인들의 싸움에 투쟁의 동지로서 파스칼을 불렀다. 왜냐하면 니체는 파스칼에게서 아우구스티누스의 재능이 최고로 다시 구체화되어 근대의 바탕으로 지각되는 것을 보았기 때문이다. 파스칼은 자신의 위대한 전임자와 같이 겸양에 다가갈 정도로 충분히 자랑할 만한 지성의 유형을 표상하고 있다. 인간의 나약함에 대한 아우구스티누스의 통찰로부터 영감을 받은 파스칼은 인간적 위대함과 인간적 비참함의 크기를 새롭게 헤아리기 시작했다. 이와 더불어 그는 실제적인 담론의 상태에까지 생생하게 인식과 관심의 관계를 발견했을 뿐만 아니라, 가능성을 고양하고 증대되는 무력감의 경험을 고전적으로 드러낸다. 이 점에서 그는 데카르트보다도 더 깊고 더 신중하게 근대의 조상이 되었다고 할 것이다. 하지만 데카르트가 자신의 독자들에게 아침의 신선한 목소리로 그리고 강령적으로 부수어 열듯이 말을 거는 인물이라면, 이에 반해 파스칼은 밤의 어둡고 우울한 읽을거리를 제공하는 저술가이자 우리의 은밀하게 깨어진 명상의 공범자라 하겠다.

우울한 기독교 수학자에게 마음이 끌리면서도 반감을 갖고 있는 니체는 웅변적이고 제한적이지만 합법적인 증거를 제시함으로써 오히려 이 저술가의 강점을 부각시킨다. 니체는 최고로 평가할 만한 정신적인 인물로서 파스칼을 재발견하고 있다. 그는 자기 자신의 관심과는 상충될 수도 있는 파스칼의 지적 성실성을 높게 평가하는데, "진리를 있게 하라. 세상이 사라질지니fiat veritas pereat mundus."와 같은 말이 그 예에 속한다. 또한 동시에 니체는 파스칼의 다음과 같은 면에 주목했다. 즉 그는 파스칼에게서 가장 커다란 위험을 인지했으니, 이 위험성이란 비참함에 대한 경향성과 나약함으로 침잠하는 경향성이다. 모순된 기독교도에 대한 반기독교도의 가르침을 듣고자 한다면, 그렇다면 무엇보다도 인간조건에 관한 그의 마지막 말을 진술해야 한다. 실제로 파스칼은 니체의 권력의지Wille zur Macht라는 정리定理를 가톨릭수도회의 14관구 서한에서 지배욕désir de dominier에 관한 그의 언급으로서 선취先取하지 않았는가?

미래의 인간을 위해 형이상학적으로 독毒을 넣지 않은 자기애自己愛를 회복하는 일이 중요하다면, 파스칼은 협력자가 아니라 오히려 교훈적이고 존중할 만한 적대자일 뿐이다. 그는 자기애를 스스로 이해하는 일을 솔선하고자 하는 모두를 위해 단념할 수 없는 동맹자로 남아 있다. 거의 고대적인 격렬함을 지니고서 파스칼은 근대세계의 근본적 갈등, 즉 활동적인 정신과 명상적인 정신 사이에 놓인 모순을 구체화했다. 근대의 학문체계가 양심과 같은 무엇인가를 가질 수 있다면 —파스칼이 틀림없이 나쁜 양심을 가졌을 텐데— 그의 저술이 예민하고 깊은 의미를 하나로 통합하는 방법을 입증했을 것이다. 토마스 홉스Thomas Hobbes, 장 밥티스트 라신Jean Baptiste Racine,1639-1699, 존 밀턴John Milton,1608-1674과 더불어 파스칼은 근대세계의 입구에서 갈라진 틈이 많은 숙고의 정문을 지키는 어두운 인물로 서 있다. 나중의 생각이 드리운 그의 깊은 숙고의 그림자는 후에 태어난 자들에게 드리워질 만큼 시간적 여유를 가지고 있었다. 그가 지닌 역설과 모순은 현대에 이르기까지 프랑스 문학에 새겨져 있다. 비록 사르트르가 스스로 짊어진 그러한 존재로부터 갈갈이 찢어지지 않도록 고집했지만 말이다. 만약 미셸 레리스Michel Leiris,1901-1990[26]가 불행을 털어 놓는 일을 행복이라고 고백했다면, 그러한 표명과 행동은 파스칼의 관대한 변증법이 함께 일어나는 하나의 공간에서 움직여진다. 지난 세기의 정신사를 우리가 불합리한 것이 돌아가는 형편에 관한 보고라고 말한다면, 그 안에서 파스칼이 차지하는 위치는 영원히 안전할 것이다. 그는 근대적 절망의 철학적 계보를 이어가는 사람들 가운데 첫 번째 가는 인물인 것이다.

26 역주-프랑스의 자전적 작가이자 초현실주의자이며, 민족학자이다.

라이프니츠
Leibniz

　19세기 초 이래로 독일에서 철학에 대한 공공연한 지각은 무엇보다도 두 가지 기능적 역할 혹은 특징적 얼굴을 통하여 그 인상을 남기고 있는바, 대학에서의 교사와 자유로운 문필가가 그들이다. 독일 이상주의 혹은 관념론과 더불어 교수들 가운데 일곱 학자들이[27] 위대한 이론의 천공天空을 소유했던 것이다. 이제 승리하여 자리를 차지한 관념론자들이 후기 봉건국가에서 왕위와 철학의 불확실한 통일을 이루

---

27 역주 – 원전에는 플레야데(Plejade)로 되어 있는바, 이는 그리스신화에 등장하는 신들인 아틀라스와 플레요네 사이에 태어난 일곱 딸을 말한다. 이 일곱 딸은 제우스에 의해 별자리로 옮겨져 칠요성(七曜星)이 되었다.

었다. 칸트, 피히테, 헤겔의 순서형성과 더불어 철학 정교수
의 유형은 이른바 학자들의 공화국(res publica)에서 지배적인 위
치를 요구하게 되었다. 쉘링이 차지한 신비적 직관 이론의
후작령侯爵領은 나중에 강단을 창도하는 제도의 모델이 되었
다. 아울러 날카로운 유형적 대립과 이념생태학적 대립 속
에서 철학적 문필가들은 특히 1848년 3월 후기와 빌헬름의
시대[28]에 문학적 정치적 공동체를 위한 새로운 전략을 그들
의 독자들과 더불어 도중에 동시대의 이념시장 전역으로 전
개해나갔다. 자유로운 문필가로서 쇼펜하우어, 슈티르너(Max
Stirner, 1806-1856), 마르크스와 니체는 저자의 철학을 통해 교수
들을 능가하여 본질적인 것을 행했다.

　이러한 전형적인 안경의 렌즈를 통해 라이프니츠의 현상
을 돌이켜 본다면, 그의 모습은 기이하게도 멀리 떨어져 움
직이고 또한 낯설게 보인다. 20세기의 철학적 이미지와 상象
을 탐색하는 일로부터 고찰해보면, 라이프니츠의 천재성은

---

28 역주-프로이센의 왕(재위 1861~1888)으로서 독일 황제(재위 1871~1888)를
지낸 빌헬름 1세(Wilhelm I)와 독일 황제 겸 프로이센 왕(재위 1888~1918)을
지낸 빌헬름 2세(Wilhelm II)를 가리켜 빌헬름 시대라 한다.

그가 가까이 볼 수 없었던 전형적인 틈새를 보여주고 있다. 만약 동시대적 사유가 철학자이자 과학자의 작품과 그때까지도 납득할 만큼 풍요로운 관계를 맺는 방법을 모르고 있었다면, 무엇보다도 그 이유는 동시대적 사유가 라이프니츠라는 유형 자체를 더 이상 이해하지 못했기 때문일 것이다.

위대한 학자의 저술과 이론 및 기질을 이루고 있는 그 고유한 조건들을 파악하기 위해서는 전형적인 위치 또는 장소를 재구성하는 일이 필요하다. 그 위치와 장소에서 라이프니츠는 방대한 양을 기념비적인 높이와 여러 모양으로 전개했다. 라이프니츠의 이론영역에서 두 각인력刻印力이 함께 흘러 들어가는데, 이는 교수직으로부터도, 철학함의 문학적 형식으로부터도 측정할 수 없는 것으로 해명된다. 라이프니츠의 앎의 기술의 첫 번째 기원은 르네상스 및 바로크적으로 더 넓게 형성된 마술적 보편학이다. 라이프니츠의 보편주의는 낭만주의 철학사로부터 잘못된 천재의 일이 되었는데, 이는 진리에 있어 인식론적 마술적 이념의 성과물을 뜻한다. 이는 15세기로부터 무수히 많은 힘에 넘친 육화肉化로 인해 타당성을 얻게 된 것이다. 라이프니츠 현상은 르네상스 마법사나 바로크의 보편학자들을 전형적으로 계승하고 있다. 근대의 초기에 다양한 재주와 기능을 추구하는 지식에의 열광의 프로필을 부여받았던 전임자들 가운데는 죠반니 피코 델라 미란돌라Giovanni Pico della Mirandola, 1463-1494,[29] 지롤라모 카르다노Girolamo Cardano,1501-1576,[30] 조르다노 브루노Giordano Bruno, 아타나시우스 키르허Athanasius Kircher[31] 등의 이름들이 빛난다. 또한 레오나르도 다 빈치Leonardo da Vinci,1452-1519는 모든 것을 할 수 있으며, 모든 것을 탐구하고 모든 것을 기획하는 친화력 계열에 속하는 인물이다.

초기 근대의 학문발전에 있어 과제는 다음과 같은 것이었다. 즉, 그 야성의 형태가 근대의 전형적인 협잡꾼 기질에

---

[29] 역주-이탈리아의 인문주의자로서 법학과 철학을 수업하고, 신비철학적인 설교를 통해 그리스도교 신학을 보강하려 하였다. 1486년 『인간의 존엄에 관하여』를 발표하여 교황청으로부터 이단자로 몰려 프랑스로 망명하기도 하였다.

[30] 역주-르네상스기의 이탈리아의 수학자·의사·자연철학자였다. 밀라노대학·파비아대학·볼로냐대학에서 수학·의학을 강의하였고, 한때는 파비아 시장(市長)으로도 있었다. 점성술자로서 철학을 연구하였고, 대수학자였으며 동시에 물리학자였다.

[31] 역주-17세기 초 콥트어 사전을 출판하고 이집트 상형 문자를 해독한 인물로 알려져 있다.

서 연원하는 파우스트적 충동을 제도권의 길로 들어서게 하는 일이(었)다. 우연이 아니게도 학문을 조직하는 자로서 인식의 진보를 위한 아카데미를 세움으로써 초개인적인 길로 방향을 들어서게 하는 것이 라이프니츠의 가장 중요한 일에 속한다. 마법이 있는 곳에선 다양한 기술이 있어 왔다. 물론 보편주의의 문명화는 결국 아카데미화를 통해 전공분야가 나뉘고 전문화를 필요하게끔 한다. 하지만 라이프니츠에 있어서는 개인적으로 옛날의 마술적 백과사전주의가 신중하게 남아 있거니와 저술에서는 깨어지지 않은 채로 있다. 근대의 학문조직을 위한 충동을 부여한 자로서 그의 성공에 대해 말할 수 있겠다. 이미 벌써 그의 사후에 후속세계는 그 자신을 기질과 유형으로서 거의 이해할 수 없었다. 파우스트 박사의 마지막이자 가장 빛나며 냉정한 후예로서 그는 파우스트적이 아닌 학문의 개선행렬의 길을 평평하게 닦아 놓았다.

그러나 라이프니츠는 전형적인 수수께끼를 철학적 학문적 백과사전주의를 끝나게 하는 역사에 있어서 그의 최고의 위치를 고려할 때 남김없이 파헤치지는 못했다. 그것은 단지 학문의 개별화 혹은 분화 앞에서 철학적 사유가 처한 형편을 뜻하는 것은 아니다. 근대철학의 관점에서 볼 때 라이프니츠 역시 다음과 같은 이유로 파악하기 어렵다. 즉, 그의 지적 활동 대부분이 전前근대적인 또는 반牛근대적인 맥락에서 전개되고 있기 때문이다. 공식적인 철학사에서 라이프니츠의 초상화가 궁정의 장식물인 가발을 쓴 사상가를 나타낼 때에는 항상 거기에 모종의 숨은 의미가 들어 있다. 그의 신체적 용모의 자세한 부분은 그의 시대에 이론적 평판에서 그가 차지한 위치를 올바르게 결합하여 보여 준다. 라이프니츠는 실제로 궁정의 탁월한 지성인이었다. 이는 스웨덴 여왕인 크리스티네가 몇 달 동안 대화의 상대방으로서 자유롭게 대했던 데카르트에서처럼 또는 프로이센의 프리드리히 대왕이나 러시아의 카타리나 대제와 서신을 교환했던 볼테르Voltaire, 1694-1778의 경우처럼 우연적이고 기회적인 기능을 한 셈이었다. 유럽의 지성사에서 오늘날 널리 잊혀진 국면이 라이프니츠에게서 압축되고 있다. 그가 수행한 지성적 역할은 철두철미하게 논쟁이 되는 외교관의 것이요, 이론의 궁신宮臣의 것이며, 재정학자와 후작의 조언자의 것이고, 대

88

답을 하는 자이며 편지를 쓰는 자의 것이다. 또한 항상 문제가 되는 권력과 정신이 궁정에서 연합함을 우리가 상기하지 못한다면 우리는 라이프니츠의 특징적이고 정신적인 묵상을 거의 따라서 수행할 수는 없다. 권력과 정신의 연합은 실용적 작용의 토대가 된다. 라이프니츠는 후작의 조언자들 가운데 우두머리였고, 잊혀진 서기 기술의 최고의 모범이었다. 서기 기술이란 영토국가의 주인과 영토국가의 박사들 사이에서 드물게 이론으로 만족할 만한 관계를 엮는 것이다. 이런 맥락에서야 비로소 라이프니츠 활동의 프로필에 담겨진 특징들이 이해될 만하다. 이 특징들은 나중의 어떤 철학자의 상투어와도 일치하지 않는 것이다. 라이프니츠는 작은 국가의 외교정책을 위한 계획을 입안하고 이념을 시사하는 자이며, 군주의 용무에 있어 기소하는 자이며 출장여행자이다. 또한 비망록의 입안자이며 복잡하게 얽힌 법적 · 정치적 사건의 변호자이자 하노버 의회 소송사건의 정통파의 사람이며 역사편찬가이기도 하다.

이처럼 궁정의 지성인이자 많은 일을 행하는 자와 바로크 시대의 보편적 학자와의 일치를 통해서만 특별한 라이프니츠 효과는 성립될 수 있다. 행복하게 끊임없이 가능성을 탐구하는 정신적 다종경기에서 보이는 이런 놀랄 만한 일은 모든 측면에서 사유자의 집중된 지성의 수많은 중심에서 작용하는 바이다. 사유에서의 태양왕[32]처럼 라이프니츠는 무수히 많은 이성의 관할권을 소모하고 있다. 궁정 철학이라는 개념이 늘 의미가 있다면, 그의 경우일 것이다. 좋은 근거에서 철학자이자 외교관인 라이프니츠의 저술에서 보인 관점이라는 개념은 중요한 역할을 하고 있다. 라이프니츠의 쾌활함은 이성을 구성하는 내각의 전쟁이 동요 없는 조화의 신뢰라는 담으로 둘러싸인 하나의 세계를 대표한다. 그의 형이상학적인 글들은 훈련된 낙관주의에 따라 존재를 외교적으로 대변할 줄 아는 저자 자신의 의도를 배반한다. 그의 변신론辯神論[33]에서 라이프니츠는 인간적 불만족의 편에서 제

---

32 역주-태양왕(Le Roi Soleil)은 프랑스 루이 14세의 별명이기도 하며, 유럽 절대 군주의 전형이다.

33 역주-악(惡)의 존재가 창조주인 신(神)의 의지에 반(反)하는 것이 아니라고 주장하는 이론으로서 라이프니츠가 처음 사용한 말이다. 서양어에서의 '변신' 은 그리스어(語)의 theos(神)와 dikē(正義)의 합성어(合成語)이다. 변신은 신 에 대한 변명이고, 변명이란 곧 신을 옹호하는 것인데, 그 옹호는 신이 올바르

기된 이의에 대해 신의 세계의 완전성을 옹호한다. 그뿐만 아니라 그의 논점이 지닌 훌륭한 형식주의로써 그는 또한 상황의 우선성을 증명하고 있다. 신 안에서 세계의 최상은 모든 가능한 대리인의 최상을 통해서 변호될 수 있다. 모든 측면에 따른 권한 있는 활동을 하는 것이다. 이는 라이프니츠에 따르면 인간적 제한 속에서 매우 활동적이며 모든 것을 연결하는 자로서의 신을 모방하는 가장 확실한 방법이다.

라이프니츠는 인간의 주체성을 끊임없이 완성할 수 있으며 또한 지적 권한이 있는, 앎의 활동을 통해서 정의를 내린다. 그러면서 그는 근대적 주체의 형성을 위한 존재를 전체적으로 존재자의 고용주로서 기여하는 것으로 본다. 라이프니츠가 추구하는 세계의 밝음과 고뇌 없는 우정은 다음과

고 의롭다는 데에 있다. 변신론은 신의 본성과 신의 세계에 대한 관계를 문제로 삼는다. 신은 권위의 존재이며, 현명하고 선(善)한 존재이다. 변신론은 이런 입장에서 신의 세계의 관리를 옹호하고 그의 영원한 섭리(攝理)를 주장한다. 변신론은 신학적 합리주의 시대에 그 목적을 달성하여 회의주의를 막아냈다.

같은 상황에 근거하고 있다. 즉, 주체는 의심할 나위 없이 이성적인 신의 대리인으로서 전적으로 탐구할 만한 가치 있는 수수께끼의 관점이 풍부한 우주에서 움직이고 있다. 라이프니츠 이후의 세계에서는 주체와 존재 사이의 충실한 관계가 파괴되었다. 실존주의, 생의 철학, 체계이론의 대두와 더불어 주관적 이성과 객관적 이성 사이에 놓인 낙관주의의 운韻이 상실되었다. 그 이후 주체들은 서로 다른 이성의 종류 사이에 벌어진 전반적인 전쟁 상황에 빠져들었다. 대리인으로서 주체들은 파악되지 않은 존엄의 명령 아래에 놓여 있다. 인류의 미래역사를 위해 낙관주의의 원리 아니면 여기선 적어도 비염세주의의 원리를 라이프니츠 이후의 수단을 갖고서 갱신하는 일이 중요하다. 만약에 이것들이 이루어진다면, 나중의 세대들 가운데 누가 라이프니츠에게서 그들의 가장 중요한 발의자를 찾으려 하지 않겠는가?

칸트
Kant

　임마누엘 칸트Immanuel Kant, 1724-1804의 비판 저술과 더불어 프랑스 혁명과 독일 철학 사이에 저 평행선을 긋는 활동이 시작된다. 이는 벌써 동시대인으로부터 획기적인 정세 혹은 상태로서 주목을 받았다. 이는 실제로 두 가지 움직임으로 수행되었다. 즉, 공동의 전제에서와 같이, 17, 18세기의 산업혁명과 화폐경제의 혁명은 그 이후로 근대세계라는 이름에 걸맞은 시민시대를 열었다. 그리고 칸트철학은 다양한 관점에서 시민적이라 하겠다. 그의 철학은 우선 시민적이다. 왜냐하면 그의 철학은 후견인 선정 혹은 감독 상태로부터 철학적 사유를 해방한 것이고 이는 긍정적이고 계시적인 종교의 신학을 통해 소송을 제기한 것이기 때문이다. 칸트는 실존적 결론을 갖고서 그것을 고집한다. 만약 대학 축제일dies academicus에 쾨니히스베르크 대학의 교수단과 학생단체가 교회의 대강당 앞에서 축제를 펼칠 때면, 이 일을 행함에 있어 칸트는 학문공동체와 종교공동체의 통일을 주장하기 위하여 교회의 현관 앞에서 그 대열에 들어서려고 시위하며 교회 주위를 빙 둘러 집으로 가는 길을 택하곤 했다. 여기에서 시민성이란 비코Giambattista Vico, 1668-1744에 의해 제기된 수도원의 철학과 시민철학 사이의 대안에서 시민의 편을 드는 것을 의미한다. 이 일에서 칸트가 얼마나 진지했는가는 특히 다음의 상황에서 잘 드러난다. 즉, 그는 승려들처럼 은둔적이고 열광적인 초월의 전수된 형식을 기피하여 시민적 초감성을 얻기 위해 애쓰는 것이다. 칸트는 개인의 자유로운 도덕적 행위에서 그 초점을 발견하고자 했다. 이는 결과나 성과를 통해서도 아니요, 희망을 통해서도 동기부여되는 것이 아니다. 올바른 것은 단지 도덕법칙을 주목하여 행하는 것이요, 무엇보다도 남은 존재자로서 그 스스로 주목함으로써 이러한 자유의 뚜렷한 주체가 되는 것이다.

칸트의 생각은 좀 더 넓은 근거에서 보아도 시민적이라 하겠다. 그것은 학문공동체와 일반의 공공성 사이에 경계를 분명하게 밝히고 있으며, 또한 적어도 비판적으로 획득된, 공공연한 대상들에 대한 의사소통의 대화로부터 결과하는 합의에 대한 가능성에 따라 기술적으로 가장 어려운 부분들에 호소하고 있다. 저술가로서의 칸트가 등장한다면, 그렇다면 그는 이를 솔직하게 소박한 기대를 갖고서 행한다. 소박한 기대란 그의 글을 수용할 때에 세속적인 책 주변에 시민사회의 총회가 모이면서 반복하게 되는 것이다. 여기서 시민성이란 학문적 공화주의의 의미를 취하고 있다. 그러므로 칸트의 역사적 안목은 정치적 의미에서 시민사회가 태어나는 시간이다. 그뿐만 아니라 동시에 그가 행한 작업은 구텐베르크Johannes Gutenberg, 1398?-1468[34] 시대의 황금기에 해당된다. 이 황금기는 천재시대의 지분을 갖고 있다. 여기에서 종

---

34 역주-구텐베르크는 활판 인쇄술로 성서를 대량 인쇄하여, 과거엔 성직자와 지식인들만 읽을 수 있었던 성서를 대중화시켰다. 마침내 활판 인쇄술이 등장하면서 책의 대량 생산이 가능해졌고 많은 사람들이 이전보다 쉽게 책과 접할 수 있게 되었다. 대량 생산된 책 중에는 그리스와 로마의 고전 작품도 있었으니 이것은 르네상스의 밑거름이 되었다.

교개혁을 스스로 읽고 이상주의 시대의 고전을 스스로 사유하는 데까지 전개된다.

또한 세 번째 의미에서 보면, 칸트의 사유는 근본적인 시민성을 통해 규정된다. 칸트는 세계 안에서 인간이 차지하는 위치를 고대의 지혜론의 의미에서 세계주의자로서도 아니요, 중세신학의 의미에서 신의 창조물로서 보는 것도 아니다. 칸트적 인간은 종족의 동류에 근거하고 있거니와 그러는 한에서 세계시민이다. 칸트가 말하는 세계도시는 물론 고대에서처럼 도시적 질서표상을 우주로 전이시킴으로써 발생한 결과물이 아니다. 오히려 그것은 자유 및 자아 주장의 사상을 이성적 존재의 전체에게, 따라서 인류에게 우주적 또는 지구적 규모로 적용함으로써 파생된 결과이다. 발견의 시대와 식민화 시대 이후에 유럽인들은 그런 계획을 추진하지 않을 수 없었다. 그리하여 칸트가 말하는 세계시민성 혹은 세계시민생활은 시민법과 국제법을 수단으로 하여 기독교적 성스러움을 계속할 수 있었다. 그는 이성적 개별자에게 국가사회의 유익한 구성원으로서 활동할 뿐만 아니라 무엇보다도 이성적 인류의 담당자로서 확증되도록 요구한다. 그리하여 미래의 정치적 삶의 형태를 찾고 이성에 호의적인 자들에게 끝없는 과제로서 떠오른다. 칸트의 세계 시민은 프록코트[35]를 입은 성자이다. 고대 로마의 투기장에서 그들의 전임자들과 마찬가지로 그들은 또한 근대 국가의 서커스장에서 이성왕국의 실현을 위해 생활하고 있다. 우리가 신칸트주의자들[36] 사이에서 또한 논리적 사회주의자나 마치 근대세계의 성직자들처럼 논리적 신정神政주의자[37]를 찾을 수 있는 것은 우연이 아니다. 그들은 모든 나머지의 인류 구성원들과 이성적으로 공존하는 경기자들이다. 범 칸트주의자Pax Kantiana는 이성적인 것의 세계사회를 마치 최소한의 교회와 같은 것으로 파악한다. 이는 성년이 된 주체들의

---

35 역주-18세기 말부터 19세기 말에 이르기까지 일반 남성이 착용한 긴 웃옷과 줄무늬가 있는 바지의 한 벌을 프록코트라 칭한다. 여기서 프록코트를 입은 성자란 비유적인 표현으로서 일상생활을 영위하면서도 높은 이념과 가치를 추구하는 성직자를 세계시민과 동등하게 본 것이라 여겨진다.

36 역주-신칸트주의는 19세기 후반부터 20세기 초에 걸쳐 칸트 철학을 그의 비판주의(批判主義)에 연결지어 그 정신을 부활·발전시키려고 했다.

37 역주-신정주의는 신의 영역과 인간정치의 영역을 동일하게 보며, 신 혹은 신적인 능력이 인간을 다스리는 것으로 본다. 현재에는 이슬람 원리주의로 지칭되는 이슬람 내 보수파와 미국의 기독교 근본주의와 같은 경우가 대표적인 예이다.

교회이다. 이 주체들은 그들의 비판적 이론을 신앙고백처럼 보고한다. 칸트에 있어서는 이성에 기초한 이글이글 타오르는 화염이 회의적이고 인간적인 재에 덮여 그을음을 낸다. 그의 시민종교에서는 성직자가 법률가가 되고 영웅이 되며 의회주의자가 된다.

결론적으로 칸트의 시민성은 네 번째 관점으로 말할 수 있다. 칸트는 새로운 철학의 종류인 인간학의 공동기초자이다. 인간학이 다룰 과제는 시민의 높은 자리로부터 인간존재의 前시민적 토대 및 시민 외적 토대에 대해 말하는 것이다. 인간학은 인간을 인류에 맞는 규정성에서 그리고 인간 본성에 맞는 심신 상태에서 다룬다. 인간학은 칸트 이래로 인간을 비인간적인 것, 즉 동물 그리고 초인간적인 것, 즉 신을 의미하는 것이 아니다. 근대적 양식의 인간학은 다음과 같은 점을 분명히 한 뒤에야 비로소 가능해졌다. 즉, 인간은 스스로 사육을 근심하고 걱정하기 위해 이성을 받아들이는 과장된 가축이다. 인간은 더 이상 이른바 신의 훈육을 통해 또는 직접적인 자연의 추정상의 명령을 통해 규정될 수 없다. 인간은 시대착오적으로 말하자면 자기교육이라는 벌을 받고 있다고 하겠다. 또한 바로 해방된 인간에게서 근본악[38]의 소질이나 성향을 발견한다면 이는 더더욱 타당하다. 칸트에게 있어 신이라는 부권주의父權主義는 고유한 충동본성의 주제넘음과 같이 견디기 어려운 것이다. 양 측면에서 활동적으로 스스로 자유롭게 행하는 것은 칸트에 의하면 자유의 장소로서 인간을 시민의 중심에 놓는 일이다. 그밖의 다른 어떤 곳에서도 개인은 자발적으로 자신의 형성을 위해 성공적으로 자신의 직업에 몰두할 수 없다.

칸트의 번민은 자신의 고뇌를 시민적 집단관계로 되돌리는 일이며, 끊임없는 자기주장으로 모든 제압이나 정복을 지양하는 일이다. 이 점에 있어서 칸트가 문명화된 유한성有限性에 순응하는 것을 배우고자 원하는 시대의 인물인 한, 그는 이른바 근대의 사상가인 셈이다. 칸트 사유의 기본용어

---

38 역주-태어날 때부터 존재하는 악으로서 모든 악의 근원이 된다. 이를 신학적으로는 '원죄(原罪)'라고 하며, 관습이나 경험에 의하여 얻어진 악과는 다르다. 칸트의 종교 철학에서 말하는 근본악은 인간에게 있어 태어남과 동시에 경험에 우선하여 선천적으로 '악(惡)'으로 향하는 자연적 경향'이다. 도덕 법칙을 알고 있으면서도 그와는 반대로 감성적인 욕망에 굴복하며, 인간성에 포함되어 있는 이런 경향이 근본악이다.

들 가운데 하나가 '한계'라는 말이라는 것은 나름대로 이유가 있다. 칸트에 따르면, 그러한 사유는 형이상학을 배제하는 것이 아니라 보완하는 길을 알고 있는 형이상학 이후의 것이라고 일컬어진다. 실제로 근대세계는 보완할 수 있는 가능성의 시대를 열어 놓았다. 좀 더 현실적으로 말하면 기능적 등가等價 또는 보상補償의 문제이다. 형이상학에 대한 칸트 자신의 고유한 보완은 다음과 같은 영리한 용무의 특징을 지니고 있다. 즉, 절대자의 불확실한 가신家臣으로서 외관상의 풍부함에 참여하는 대신에, 쾨니히스베르크의 마이스터인 칸트는 고유한 권리의 주인으로서 정화된 재산을 관리하기로 결정했다. 이는 때때로 보다 높은 요청이나 요구 앞에 체념하는 것으로 잘못 이해되었다. 그런데도 칸트 동인動因의 핵심에는 체념적인 특징이 아무런 역할도 하지 않는다. 칸트의 나침반은 혼란스럽지 않게 주권主權을 가리킨다. 비유하건대, 위기에서 자산을 다시 구조화하고 조직화하는 현명한 상인처럼 칸트는 좀 더 분명하고 견고한 사업에 투자하기 위해 신용이 손상된 기업가로부터 출자금을 다시 찾는다. 고유한 오성을 완전히 강제로 수용收用하는 위험이 따르는 세계에서 포기할 수 없는 재산을 이용하는 것이다. 이러한 모토를 갖고서 칸트는 사유의 빈곤이나 우울함에 대한 모든 유혹에 대항하여 명료함의 모험에 관여하기 위해 자신의 감격, 열정, 비약을 통보하였다.

Hegel

Wilhelm Joseph von Sc

Schopenhauer

Kierkegaard

Marx

Wilhelm Nietzsche

und Husserl

Joseph Johann Wittge

Paul Sartre

피히테
Fichte

　철학이란 전체 인간을 철학으로 일깨우지 않고는 생산성이 없는 불모의 모험이나 사업으로 여전히 남아 있는 어떤 것일는지 모른다. 마틴 하이데거Martin Heidegger, 1889-1976는 예외로 하고 근대의 철학자들 가운데 누구도 요한 고트리프 피히테Johann Gottlieb Fichte, 1762-1814처럼 그러한 격렬함을 안고 그토록 근본적으로 심오한 통찰을 가르친 인물은 없다. 피히테에 따르면, 아무도 본질적인 사유의 중심에 다다르지 못했다. 여기서 본질적 사유란 실존을 변화시키는 격변의 상황에서 그의 앞에 놓인 그리고 그의 밖에 놓인 사물의 압도적인 힘에 대한 지금까지의 믿음으로부터 떨어져 나오지 않는 것을 말한다. 당신은 당신의 삶을 변화시켜야 한다. 이는 근대적 자유의 이념이 지닌 특징에서 보면 모든 사유의 움직일 수 없는 고정된 부분Cantus firmus[39]이다. 하지만 무엇보다도 변화한다는 것은 상황의 변화를 통해 설명해야 할 것을 단념하는 것이다. 말하자면 피히테는 시민의 시대에서 이상주의의 교사가 되기를 앞서 행했다. 그는 그의 말과 글에서 말에 힘을 실어 분별력 있게 가파른 근본사유에 대항하여 열정적으로 충직하게 모든 것을 변화시키는 주체성의 존엄에 관한 새로운 이론을 전개했다. 분석과 호소에 관한 행동의 일치라는 원칙을 강연의 힘을 통해 피히테는 보여주었다. 논리학자로서 피히테는 늘 심리치료사이기도 했으며, 나아가 이론가로서 그는 또한 항상 선동가이자 교육적 훈련의 대가였다. 지식론의 창조자로서 그는 논쟁을 불러일으키는 예언주의의 자극적인 충격을 후세에 남겼다. 그리하여 그는 문제 상황에 냉담한 운동경기식의 셈법과는 뚜렷이 대조

---

[39] 역주-Cantus firmus는 음악에서 다성으로 구성된 곡에서 근본을 이루는, 이미 선행하는 멜로디를 가리킨다. 영어로 'fixed song'의 의미를 담고 있다.

되는 대립상對立像을 만들었다. 당시에 그와 같은 셈법은 19세기 이래로 전문학교나 대학의 활기 없는 경영과는 분리될 수가 없다.

그러므로 피히테의 호소력 있는 천재성에 대한 암시는 독일 국민에게 고告하는 국민교육적인 대담함에 대한 회상보다도 그 이상의 더 많은 것을 뜻한다. 베를린에서 철학자는 프랑스 점령군의 눈앞에서 개인적인 생명의 위험에 처하여 강연을 하였다. 그는 이 연설에서 한 인간의 획기적인 자의식을 갖고서 나타났다. 말을 탄 세계정신, 즉 나폴레옹에 대항하여 단지 강단에 선 세계정신만이 구원수단이 될 수 있다는 것을 아는 것처럼 보였다. 보나파르트가 시민적 제국帝國의 설립자로서 세계무대에 나타났다면, 피히테는 그에 반하여 이념의 무대에 정신 왕국의 토대를 세운 것이다. 이러한 반명제에서 많은 사람들은 프랑스 유물론자와 독일 이상주의자 사이의 경쟁 혹은 대항에 관해 오늘날에도 영향을 미친 상투어에 이르기까지 그 실질적인 근거를 갖고 있다. 그 스스로에 의해 발견되고 동시에 정당성을 얻은 피히테의 외치는 자리는 철학 자체의 원리에 그 뿌리를 두고 있다. 그에 따라 자유를 움켜쥐는 일은 적잖이 죽은 자들의 부활을 뜻한다. 피히테의 의견에 따르면 죽은 자들이란 항상 우리인 것이다. 외적 현실의 우상숭배에 살고 있는 우리 앞에 객관적으로 종속되어 있지 않은 존재의 가상으로부터 빼앗은 한에서 그러하다. 열광적인 자유교사의 눈에는 시민세계가 그 전체에서 볼 때 죽음의 왕국으로 비친다. 가장 커다란 다수의 생각 및 동기와 작업에서 독단적이고 존재론적인 기만이나 은폐의 베일이 만연하게 되기 때문이다. 죽음을 불러오는 자기오해의 속박 속에 살고 있는 자는 아마도 피히테의 말에 따르면 나 자신을 믿기보다는 달의 용암조각을 믿는 편이 오히려 좀 더 용이하다 할 것이다.

피히테의 완고한 간여와 더불어 근대사회에서의 도덕비판적인 소통의 중대한 결과를 가져오는 딜레마가 분명히 나타난다. 생생한 삶과 살아 있는 죽음 사이의 양해가 어떻게 이루어지는가? 도대체 어떻게 소외되지 않은 자들이 소외된 자들을 향해 정신을 기울일 수 있는가? 실로 살아 있는 자들은 개종改宗시킬 수 없는 죽은 자들에 대해 늘 절망하지 않는가? 초기의 철학이 시작한 날로부터 유럽에는 본래 살아 있으며 이해하는 자인 엘리트의 도발이 끝나지 않았던 어떠한 사회도 존재하지 않았다. 철학정신과 일반 오성 사이에 벌어진 시민전쟁은 옛 유럽 정신사에서 항상 있어 왔던 것이다. 하지만 고대의 현인들이 바뀌지 않는 우둔한 다수 앞에서 체념하고 있는 곳에서는 계몽주의자로서의 근대인들은 교육적 침해 쪽으로 넘어가지 않으면 안 되었다. 피히테에 있어선 의식적인 생생함을 지닌 근본주의가 원칙적인 준엄함에 이르게 되었다.

실제로 계몽된 철학자의 부정적인 시각에 따라 처음으로 전체의 사회영역이 소외된 세계로 기술되었다. 이 소외된 세계에는 자동적으로 선행하는 사물존재에 대한 미신 때문에 자유롭게 지낼 수 있는 가능성의 뿌리가 잘려나간 사람들이 기식하고 있는 것이다. 소외된 인간은 사실로부터 먼저 정돈된 괴상암塊狀岩[40] 아래에 복종하는 노예로서의 날들을 보낸다. 그들은 주인의 독립된 사물이다. 사물이 지배하는 곳에선 권력으로 인한 죽음만 있을 뿐이다. 그럼에도 지

---

40 역주-단층으로 켜켜이 쌓인 흙이나 돌덩어리.

식론은 도덕적 보완, 즉 복 받은 삶을 지시하는 것과 더불어 객관주의의 무덤에서 깨어난 부활을 알리는 논리적인 나팔의 역할을 한다. 그것을 이해하여 듣는 이는 자유의 당파성을 높일 수 있다. 부활된, 소생된 주체는 도덕적 근대에로의 출정을 자유로이 알리는 충동을 느끼게 된다. 도덕적 근대에로의 출정을 통해 내적, 외적으로 인간성을 저해하는 구체제Ancien régime[41]를 궁극적으로 전복하게 된다. 지상에서는 아직 결코 실현되지 않은 이성에 의해 인도되는 자유의 왕국이 그 위치에 들어서게 될 것이다. 관념론자 또는 이상주의자가 계획한 미래는 도덕적이며 이성적일 것이다. 아니면 그렇게 되지 않을 것이다. 피히테는 주체의 논리적·도덕적 부활과 공동체의 정치적 혁명이 한데에 모여 수렴收斂한다는 점에 대하여 전혀 의심을 허용하지 않는다. 피히테가 확신하는바, 완전히 죄에 빠지기 쉬운 시대 그리고 모든 오류를 범하는 자의 방종한 일탈의 시대는 프랑스 혁명기에 필연적

---

41 역주-1789년 프랑스 혁명 전의 절대 군주 정체를 가리키며, 프랑스 혁명으로 탄생한 새로운 체제와 비교해 이전 제도의 낡은 특징을 일컫는다.

인 몰락을 체험했던, 진부한 사회의 봉건제도와 마찬가지로 종언을 고해가고 있다.

소외된 주체성의 발견자로서 피히테는 강력한 철학적 해방계획의 기원을 알리는 시대의 초입에 서 있다. 이 해방계획과 함께 고유성의 위대한 정치가 그 계획에 소환되었다. 소외가 있던 곳에는 스스로를 규명하고 통제하는 정치적 코뮨의 고유성이든, 또는 수많은 교사들과 도덕적 모험가들에게서 철저히 각인된 신의 고유성이든, 아무튼 고유성이 나타나기 마련이다. 보다 나은 세계를 만들기 위해 너 스스로 진력하라. 그리하면 이상주의자의 정언명령이 울릴 것이다. 실제로 삶에서 항상 희망을 갖는 곳은 그럼에도 체계적인 자신의 법칙성을 갖는 근대 사회일 수 있다. 결론적으로 이성적 정체성을 형성할 수 있거니와 피히테는 항상 명시적으로 그리고 묵시적으로 동맹자로 결합되어 있다. 위대한 도덕정치의 시대를 돌이켜 볼 때, 우리는 물론 어떻게 그러한 높은 긴장감을 자아내는 희망이 인류를 열정과 환멸 사이에 폭력을 잉태한 순환 속으로 끌어넣었는가를 인식할 수 있다. 마치 우리가 그럼에도 자유로 인해 고통을 당하고 있을 뿐 아니라, 자유공간의 도달거리에 대한 우리의 환영幻影을 정화淨化해주는 것처럼 보인다. 만약 우리의 시대가 옳든 그르든, 형이상학 이후의 사유의 기원으로서 여기저기에 기록된다면, 이는 특히 다음과 같은 이유 때문일 것이다. 즉, 영웅적인 자유철학의 200여 년에 걸친 과정을 회상해보면, 우리가 폭력을 예비한 대사상가의 도덕예언적인 능력을 접하면서 갈피를 못 잡고 우왕좌왕했기 때문이다. 근대의 붕괴에 대한 책임을 위대한 철학자들에게 지우는 것은 확실히 지나친 일일는지도 모른다. 그럼에도 기술공학 시대에 환영의 씨앗을 뿌린 자는 세계전쟁이라는 열매를 맺을 것이다라는 명제와 더불어 등장한 모든 위대한 사상에 혐의를 두는 일이 실제로 검토되지 않으면 안 된다. 이념이나 세속적인 종교의 기원은 우리에게 실제로 미몽 타파의 학교로 안내한다. 세계의 움직임을 단지 이성과 자유의 나침반으로 향하게 하는 위대한 역사철학의 광기어린 우위는 상황이라는 힘에 의해 깨뜨려진다. 그리하여 마치 심리학적 내지 기호비판적인 길을 따르는 것처럼 보이는 새로워진 분석적 또는 해체적 예견은 세계적 힘을 얻은 열광으로서 근대의 좌절된 역사에 연루된 상태인 이데올로기의 좌절에서 결론을 도출하지 않을 수 없는 것이다. 이처럼 비싼 희생을 치르고 얻은 회의론은 ―우리가 포스트일루전환영이후, Postillusion하다고 이름을 붙일 수도 있는데― 당연히 피히테의 업적과 명성을 포함해도 좋을 것이다. 왜냐하면 피히테는 인간 종족의 삶은 확고한 계획을 향해 앞으로 나아간다는 고상한 궤변의 그럴듯한 원조元祖이기 때문이다. 피히테는 그 계획은 성취되어야 하기 때문에 확실하게 이루어질 것이라고 주장한다. 피히테가 계속하여 영향을 남기고 있는 의미는 ―그스스로 불멸이라는 표현 앞에 확실히 주춤거려 물러나 있지 않지만― 역사예언적인 영역에 있는 것이 아니다. 피히테의 주장에 따르면, 이성과 도덕성 및 세상 되어가는 형편의 필연적인 통일은 오늘날 더 이상 깊은 인상을 주지 못한다. 또한 우리는 끊임없이 개인이 초개인적인 이성의 매개로서 사용되는 이념주의적 희생과 태도로부터 멀리 떨어져 있다. 피히테의 위대함은 무엇보다도 주체성의 구조에 대한 능가할 수 없는 명백한 분석에 몰두하고 있다는 데 있다. 피히테에 의해서 비로소 내가 된다는 것의 의미가 도대체 무엇인

가를 본질적 사유의 도발로 삼게 되었다. 그리하여 피히테
는 모든 사람과 비자의적인 연합의 일원으로 남게 되었다.
이 모든 사람들이란 세계와 삶에 관한 모든 개념에 대하여
진취적인 기술공학적 개혁의 인상을 갖고서 내가 나를 나로
서 체험할 수 있는 사실에 냉담치 않으려는 데 방향을 두고
자 하는 이들이다. 만약 곧장 자율적인 주체성의 논의에 대
한 과도한 긴장이 극복된다면, 자아 혹은 나Ichheit에 관한 가
능성의 수수께끼는 분산된 세계 전체에서야 비로소 바로 분
명히 밝혀진다. 이 수수께끼의 광채는 항상 피히테적인 지
성의 빛에 관한 무엇을 간직하고 있다. 피히테의 '나'는 도덕
적 가르침을 자유로이 놓는 행위자이다. 내가 스스로 체험
하는 한, 그것은 궁색하게 될 가능성이 없음을 뜻한다. 또한
신이란 의미 없는 개념이라는 가정에 따라 피히테를 매개로
기술된 자아개념으로부터 예상할 수 없이 효과 있는 실존적
충동이 나오게 된다. 나는 나의 현존의 사실을 나 자신으로
서 마치 나의 자아가 신의 마지막 기회인 것처럼 가볍고도
무겁게 받아들여야 한다고 피히테는 주장한다.

헤겔
Hegel

진리를 말할 수 있기 위해 사람은 종말에 있어야 한다는 이러한 확신은 헤겔Georg Wilhelm Friedrich Hegel, 1770-1831의 저술 곳곳에 끊을 수 없는 실타래처럼 얽혀 있다. 이와 더불어 헤겔은 플라톤의 인식론에 관한 근본동기를 기념비적인 높이로 끌어 올렸다. 인식한다는 것은 기억하는 것이며, 파악하는 것은 재구성하는 것이다. 자신의 체계가 충분한 근거에 따라 유럽의 형이상학 또는 기독교적이고 플라톤적인 형이상학의 완성으로서 규정될 수 있는 사상가는 그 본질에 따라 완성의 형이상학자라 하겠다. 헤겔에 따르면 철학적으로 사유한다는 것은 존재자의 수확물을 집으로 가져가는 것이다.

오로지 집에 온다는 것은 전적으로 정주定住하게 하는 것, 곧 정신을 뜻한다. 헤겔의 경우 정신이란 때를 취한다. 따라서 정신은 역사를 지니고 있거니와 역사를 만든다. 그는 머리와 단계 위에 스스로 마지막 주거를 짓고 있다. 진리의 포도주는 늦은 포도수확에서 얻어진다. 헤겔이 말하는 전형적인 시간 또는 때는 가을이거나 저녁이다. 그의 우선적인 사유의 특징은 가장 내적인 색으로서 밤에 가까운 회색이라는 결론이다. 그의 관점에서 보면, 모든 영역은 유럽이며, 모든 견해는 추론표로 결론이 난다. 영원을 위한 균형을 세우기 위해 체험이라는 개념을 해명하고자 한다면, 경계 혹은 종말에 대한 앎은 늦은 시간에 이루어진다. 모든 것은 체험된다. 만약에 보다 많은 것을 지니고 있는 삶이 동시에 정신으로 하여금 그 자신을 완전히 소유하도록 주입시키는 것을 뜻한다면, 좋은 것은 마지막에 체험된 삶일 것이다. 완전을 향한 그러한 노력은 헤겔의 정신이 하나의 시간으로부터 시간의 종말로 향해가는 생성을 위해 새로 획득된 개방성의 모든 경우를 가리킨다.

생성이 하나의 학파를 의미한다면, 이 학파는 하나의 결론을 이끌지 않으면 안 된다. 그것은 하나의 과정이다. 그리하여 그에 있어서는 판단의 계기가 생기지 않을 수 없다. 이런 의미에서 헤겔은 익어가는 성숙의 사상가이다. 그의 엔치클로페디[42]와 같이 그의 현상학[43]은 하나의 규정된 교과과정을 훑어볼 수 있는 이성을 위한 프로그램을 제공한다. 다만 성숙이라는 이름으로 역사적인 그리고 형이상학적인 의미를 공통의 분모로 가져올 수 있다. 정신이 시간을 통하여 확장된다면, 그렇다면 시간을 통하여 종말로 그리고 시간의 초월로 성숙되어 나아갈 것이다. 임시적인 것에 대한 애착은 사라지게 된다. 거기에선 모든 것이 재灰로 되고 앎으로 바뀌게 된다. 헤겔에게서는 형이상학적으로 사유한다는 것은 항상 벌써 사유에서의 완성을 의미한다는 고전철학의 비밀로 환히 드러난다. 헤겔은 완성이 언제인가에 대한 물음을 자신과 관계하여 '지금'이라고 알리는 답을 줄 수 있는 용기를 가지고 있었다. 변증법을 통해 장엄한 방법론을 획득

---

42 역주-『엔치클로페디 Enzyklopädie der Philosophischen Wissenschaften im Grundrisse』(1817).
43 역주-『정신현상학(精神現象學) Phänomenologie desGeistes』(1807).

했다. 그의 체계에 의하여 헤겔은 시간을 초월한 시간의 핵심을 생각하게 되었다. 그의 저술을 통해 말하고 있는 정신은 정립 혹은 정명제를 위해 찾아진 근거이다. 여기서 정립 혹은 정명제란 나의 시간은 성숙한다는 것이다. 세계과정은 전체적으로 알려져 있다. 완성하는 것은 오늘이며 내가 동쪽에 나타날 때에 일단 시작했던 것이다. 고뇌나 번민이 있는 곳은 기록으로 남게 된다. 헤겔의 늦은 뒤늦은 '이제'로부터 생각해보면, 이전의 사유에 나타난 모든 것은 대자적對自的인 것으로 절대자로서의 자격을 정신에 부여하기 위해 미리 준비되고 널리 수행되는 것이다. 앎이 완성될 순간이 거기에 있으며, 그 순간은 지금까지의 시간, 이제 그리고 항상이라는 시간을 공유한다. 이제 할 수 있음이란 종말의 존재가 수행하는 기능이다. 그러나 헤겔을 통해 형이상학이 더 높은 성취를 말하는 곳에서 그것은 또한 모순의 정신을 통한 질문을 위해 더욱 성숙하게 될 것이다. 그렇다면 인간은 할 수 있는가? 궁극적인 지성은 그 어떤 중요한 방식으로 종말에 있을 수 있겠는가? 인간은 높이 솟은 자만심보다 더 많은 근거를 갖고서 스스로 종말을 보여주고 구체화하는 것을 주장할 수 있는가?

형이상학이 이러한 물음에 대해 단호하게 '예'라고 답을 하는 힘을 찾았다면, 그것은 헤겔 식의 형이상학의 마술이고 경이로움이다. 이러한 '예'는 죽음을 면치 못하는 다수를 완성에 대한 참여자와 불참여자로 나눈다. 인류를 이렇게 나누는 일은 계속해서 헤겔을 이해하고 있는 개인을 나누는 일과 동일시된다. 그리고 그러한 것은 이루어지지 않았다. 헤겔과 그를 따르는 이들은 결국엔 지식의 완성에 참여하게 된다. 그것들은 목적을 이룬, 역사의 끝없는 종말에 감춰진 무한한 것으로 된 궁극적인 버팀점 혹은 근거지일 것이다. 대개의 죽어야 할 운명에 처한 것들이 임시적인 것에 묶여 있을는지 모른다. 그리고 그들 현존재가 혼탁함과 변덕스러움 속에 어려운 생활을 할는지 모른다. 완성의 철학자를 위해선 정신의 자기이해력 혹은 자기파악력의 원환은 고양된 개별자들 안에서 종결될 수 있어야만 한다는 것은 의심의 여지가 없다. 조그마한 인간규범에 관한 그러한 예외는 헤겔의 관점에서 보면 올바르게 세계사적 개인이라 불린다. 세계사적 규범이 세계완성 내지는 지식의 완성의 담당

자이자 주체인 한에 있어서 그러하다. 완성과 완결의 관점에서 위대한 사상가는 위대한 행위자와 친밀하게 공속관계를 맺는다. 하인리히 하이네Heinrich Heine,1797-1856는 그의 『겨울동화』의 꿈의 장면에서 손에 도끼를 들고 시인을 추적하고 있는 변장한 모습을 묘사한 바 있다. 손에 도끼를 든 이 인물은 "나는 그대의 생각에 대한 행동이다."라고 말하며 그의 정체성을 포기하라고 요구한다. 헤겔은 현실에서와 같이 꿈에서도 나는 그대의 행동에 대한 생각이다라는 문장을 가지고 정복자이자 입법자인 나폴레옹에 맞섰다. 정치적 세계사는 그 주된 일에 있어서 혁명 이후에 시민적 법치국가를 확정함으로써 종결을 보게 되는 것은 무엇과 다름없이 훌륭한 것임을 뜻한다. 여기에서 완성된 사실에 이르기까지 모두의 자유를 위한 정신의 단련이 진척될 것이다. 모두를 통한 모두의 인정은 모두가 국가의 시민권의 지위에 들어섬으로써 형식상 실행될 것이다. 헤겔은 공공연하게 어느 정도로 어떻게 이러한 성과가 자신의 고유한 이름을 갖고서 증명될 수 있는가, 난폭한 코르시카 사람, 즉 나폴레옹의 이름을 자신의 이름과 결합할 수 있는가를 준비하고 있었다. 실제로

118

두 사람의 이름 위에는 프랑스 제국과 헤겔의 프로이센 사이의 중요한 차이에도 불구하고 완성된 헌법의 발현이라는 공통된 징후가 있다. 세계사적 견해에서 보면, 시민법과 법철학은 서로 일치한다. 여기서 헤겔과 나폴레옹이라는 고유한 이름이 어떻게 역사의 선한 종말에서 높이 파악되는 이야기의 피날레에 등장하는가라는 방식 내지 방법은 대단히 눈에 돋보인다. 헤겔의 논리학에 의하면 개별적인 것은 일반적인 것과 화해한다. 헤겔 논리학은 전적으로 가상의 고유한 사명을 다하고, 보편적인 자유와 진리가 생기生起하는 영웅서사시에서 위대한 개별자들은 그들의 역할을 수행한다. 시의적절한 행위와 사유의 투기장에서 위대한 개별자들은 그들의 힘을 최후까지 팽팽하게 긴장시키면서, 개별자들을 절대자의 결정結晶으로 변모시킨다. 절대자의 삶은 가장 높은 의미를 지닌 하늘 아래에서 밝다. 여기서 의미 있다는 말은 우연적인 것으로서 필연적인 자리를 전체에서 차지한다는 것을 뜻한다. 뛰어난 인간은 항상 완성의 포도밭에서 작업하는 노동자이다. 위대한 인간에 관한 헤겔의 가르침은 그 본질을 특수성의 신학에 다시 부여하고 있다. 그의 가르침은 봉건시대의 무사 귀족을 철학적 시민적 역사서술을 위한 의미 귀족으로 보완한다. 요한의 전통에 따르면 살이라는 말이 어떻게 되었는가는 신을 세계와 매개하기 위한 것이고, 그리하여 헤겔의 특수자 이론에서 세계정신은 개인이 되며 우리 안에 거주한다. 왜 바로 최고지휘관, 고전주의자 및 교수의 모습에서는 거주하지 않는가? 그 훌륭함을 말 위에서 또는 교수의 직에서 지각할 수 있다면 동시대인을 위해 그만큼 더 좋을 것이다. 모든 것이 현상에 달려 있는 서적 박람회를 기억할 필요가 있다. 의미를 지닌 위대한 개인은 온통 빛으로 가득 차 있다. 위대한 개인은 쉼 없이 자신의 역사적 과제에 빛을 태움으로써 자신이 처한 상황에 대처하는 인물이 된다. 만약 사소한 개체가 발언권이 없는 상태로 머물러 있다면, 그 이유는 ─무용한 가치를 바라지 않게 됨으로써─ 중요한 어떤 것에 관해서도 말할 수 없기 때문이다. 이에 반해 위대한 개체는 완전히 특별한 상태로 변모하게 된다. 그것은 전적으로 업적, 외화外化된 형상, 힘과 순간의 순수한 교차로의 변화이다. 그것은 그의 행위와 형성물이 변용變容되어 이루어진 신체로의 지양을 뜻한다.

우리는 헤겔의 사유가 미친 영향을 말 그대로의 의미에서 엄청나다고 표현해도 좋을 것이다. 그것은 학파를 만듦과 동시에 반대학파도 만들었다. 그것을 지키고 간직하고자 하는 본능은 마찬가지로 그것에 반하는 반란의 본능을 아울러 도발했다. 모든 사물의 유동화와 확정화 사이의 결정할 수 없는 동요는 지키고자 하는 경성硬性주의자들과 마찬가지로 바꾸고자 하는 혁명가들에게 확실히 헤겔을 소환하도록 허용한다. 만약 사람들이 레닌Vladimir Lenin, 1870-1924의 뇌에서 혁명에 대한 생각이나 이념 그리고 단단하게 굳어지는 경화硬化를 찾았다면, 이 두 가지는 탁월한 유산에서 유래한다. 벌써 헤겔 자신에게서는 특히 자신의 베를린 평가에 있어 모든 것이, 흐르듯 유동하든 아니면 모든 것이 확고한 지반을 차지하든, 결코 분명하게 되지 않았다. 마치 입헌군주제에서처럼 헤겔왕국이 상속하고자 했던 질서 추구의 사상가들 곁에서 불만 가득한 학자들로 이루어진 흥분한 합창대가 무대에 올랐다. 그들은 완성된 이상주의의 수혜자로서 여생을 보내는 일에 저항하는 무리들이었다.

헤겔 이래로 사람들은 역사가 그 본질에 있어 종언을 고하게 되었다는 말을 부인할 수 있게 된다. 세상에는 해야 할 많은 일들이 남아 있다는 사실, 그것은 헤겔 이후 이성 정치의 전쟁 구호가 되어 버린다. 아직도 이성의 집에는 말하여지지 않은 것이 있다. 그것은 헤겔 이후의 담론을 만들어내는 데 주도적인 말이 되었다. 아무리 회고해도 그 존재를 알기 힘든 춤추는 신성들이 바야흐로 태어나려는 순간을 맞이한다. 해결되지 않은 문제들에 대한 고무된 관심들이 환기되고, 풀리지 않은 문제들, 자유롭지 않은 문제들이 문화적인 고려나 철학적인 고려를 요청하게 한다. 이상주의자가 문득 생각에 떠오를 때에 화해가 이제 훨씬 포괄적으로 고려된다. 헤겔의 방식으로 헤겔에 따라 날짜를 적어 넣는 모든 사유는 특히 화해되지 않은 위인들을 공평하게 다룰 때까지 완성을 연기하는 관심을 일깨워 준다. 그것이 프롤레타리아트일 수도 있고 여성들일 수도 있으며 신체일 수도, 지구일 수도, 광적인 사람일 수도, 어린이일 수도, 동물일 수도 있다. 이러한 주제의 각각은 특별한 천년왕국의 주체가 된다. 완성을 기만하거나 화해를 유예하는 놀이는 해결되지 않은 집단의 이름으로 19세기와 20세기의 이념투쟁을 헤겔 이후에 가장 영향력 있는 두 흐름인 실존주의와 마르크스주의를 언급하기 위해 각인시켜 주고 있다. 이 모든 시도에서 충만과 성취의 시간은 더 늦은 시점까지 연기되었다. 역사 자체는 나중의 요구를 위한 전쟁놀이가 되었다. 모든 젊은 헤겔주의자들은 존재론적으로 민족통일주의자들이다. 너무 많이 병이 들고, 너무 많이 소외되는 일은 세계를 분열시킨다. 이 때문에 같이 괴로워하고 같이 소외를 겪는 인텔리들은 깨우침을 주는 휴식시간에 몰두할 수 없게 된다. 결론적으로 완성이라는 주장에 대해 가하는 비판의 부분은 완성 자체의 동기가 파괴된 그 지점까지 돌아가지 않을 수 없었다. 근대라는 세계는 본질적으로 결코 완성되지 않은 것으로 파악된다. 그 이론은 그 세계에 부합되도록 무난해야 한다. 시대의 단 한순간도 완성된 현재의 지금이 되기에는 더 이상 적합하지 않다. 연기 또는 유예는 현재를 앞지른다. 다시 말해 존재는 시간으로서 파악되려는 경향이 있다. 정체성에 대한 관심은 차이에 대한 관심을 능가한다. 유포 혹은 전파는 집합에 대해 우위를 차지한다. 현재의 중심에는 이미 연기延期가 역할을 하고 있다. 계획과 신용이 회고와 총액보다 더 많은 것을 의미하는 시대가 시작하고 있다. 이런 시대에는 이론적 필요성이 성과에 관한 늦은 저녁 시간의 전체견해에서 보면 결코 만족을 얻을 수 없다.

실제로 형이상학 이후의 이성은 미래로 정향될 운명에 처해 있다. 미래란 순수 사유가 그것으로 끝나지 않는 지점이다. 미래에 구제 혹은 구원이 있느냐의 여부는 오늘에 있어서는 불확실한 채로 남아 있다. 오히려 미래에 구원자 앞에서 구원받지 못하지 않은가? 실제로 헤겔화된 모든 실험에 의해 병든 세상을 조잡하고 과도한 치료로써는 도울 수 없다는 사실을 우리는 알고 있다. 적잖이 실망한 형이상학자들이 이제 보람이 없고 치료할 수 없는 현실에 대한 그들의 분노를 자백하고 있다. 체념한 임상의臨床醫처럼 그들은 몰락하여 개선할 수 없는 세계를 떠나 집을 향해가는 경향이 있다. 하지만 이렇듯 도움이 안 되는 협력자의 분노는 무겁게 흔들린다. 사람들은 철학자들 일반이 문화를 진단하는 의사로서 이해하고 있는지 어떤지, 또한 무엇이 일어났는지에 대해 물음을 던질 수 있다. 도울 수 없는 자들보다도 더 우스꽝스러워 보인다는 점에 그들은 과연 만족해야 하는가?

오래전에 다른 협력자나 다른 치유자가 그들을 공공연하게
ㅡ무엇보다도 거의 약하게 될 수 없는 근거에서ㅡ앞서지 않
았는가? 완성이라는 마술에 의해 항상 현혹된 사유자는 미
래에 그들의 피보호자를 그 스스로 앞에 경고하는 것 이외
에 달리 무슨 일을 할 수 있겠는가? 이제 미성숙을 성숙하게
하는 것이 중요치 않은가? 헤겔에 대한 회상 그리고 겉은 번
드르르하면서도 실속 없는 참담한 결과는 왜 세상의 의사들
이 방법론적으로 다투는 가운데 헤겔학파이든 비헤겔학파
이든 개별 철학자들 역시, 물론 훨씬 겸손할지도 모르지만,
말을 하지 않으면 안 되는 것인가를 이해하는 데 아마 유익
할 것이다.

Fichte

Hegel

Wilhelm Joseph von Sc

Schopenhauer

Kierkegaard

Marx

Wilhelm Nietzsche

und Husserl

Joseph Johann Wittge

Paul Sartre

쉘링
Schelling

철학자 쉘링Friedrich Wilhelm Joseph von Schelling, 1775-1854의 모습은 무엇보다도 그의 번득이는 젊은 신화를 통해 각인되고 있다. 초자연적인 자신감을 보이며 1800년 무렵에 20살의 젊은이가 독일철학의 정상에 서 있었다. 그 당시 독일철학은 프랑스혁명의 정신적 보완으로서 그리고 세계사유의 아방가르드로서 표상되었다. 번쩍이는 산문을 통해 젊은 쉘링은 일련의 체계적인 소품들을 구상하였다. 그것은 깜짝 놀란 공중 앞에서 사변이성의 천상여행을 수행하는 일이었다. 그는 확실한 관점으로부터와 마찬가지로 절대적인 것으로부터 어떤 방식을 발견한 것처럼 보였다. 이 젊은이가 어떤 대상을 다루든, 그 모든 것은 열정적인 어법으로 고공비행 하면서 사변적인 뇌우雷雨 속에서 변화한다. 그리하여 마침내 다시금 우리들끼리 신을 같이 아는 자가 될 것이라는 사실이 밝혀질 것이다. 쉘링은 궁극성의 토질土質을 정상에까지 끌어 올렸고 처리방식의 순위에 있어서도 극단적인 관점들 사이에 진동을 일으켰다. 그가 피히테의 의식철학으로부터 자연철학으로의 비약을 이루었을 때에, 경솔하며 심지어는 수미일관성이 없다는 악평이 그를 따라다녔다. 그러나 이런 전환에는 그럴 듯한 방법이 있었다는 점을 대부분의 비평가들은 간과했다고 볼 수 있었다. 그에게 이미 그의 이력의 초기 관점으로부터 놀라운 공감을 가져왔을 뿐만 아니라 회의와 적대적인 앙심을 불러 일으켰다는 점은 놀랄 만한 일이 아니었다. 헤겔의 악의에 찬 논평에 따르면 쉘링이 공중 앞에서 수련을 하고 완성했다는 것은 진실이 아니다. 하지만 자신의 갑작스런 비약에 압도된 젊은 저술가가 그의 걸작을 냉담하게 탐탁지 않은 눈으로 바라보던 수많은 공중 앞에서 자신의 기량을 과시했다는 것은 틀림없는 사실이다. 쉘링이 초기의 낭만주의 세대의 우상으로서 스스로를 주장할 수 있는 한에 있어서 이 점은 거의 중요치 않다. 창조적으로 작용하는 자연에 관한 그의 복음주의적인 팡파르는 저항하기 어렵게도 우리 자신 속에 울려 퍼졌다. 쉘링이 무엇보다도 자신에게 호의를 보인 괴테Johann Wolfgang von Goethe, 1749-1832[44]와 함께 보다 행복한 상태에 있던 젊은 시절의 저술은 신의 능력으로 완전한 세계가 처한 순간을 잘 반영해주고 있다. 달리 말하자면, 이는 그 시대에 충실하게 독특한 지성의 완전한 힘을 보여준다. 이는 아마도 쉘링의 순간이 다시 가져올 수 없는 과거에 귀속될 수도 있음을 말해준다. 그럼에도 그에게서 동시대적 사유가 재인식할 수 있는 문제가 제기되고 있다. 왜냐하면 자신의 자연철학적 전회轉回에서 쉘링은 의식을 가능하게 하는 과거의 동기를 발견하기 때문이다. 그것 없이는 근대의 사유를 위한 무의식과 인지적 진화의 표준적인 범주가 있을 수 없다. 단지 미사를 돕는 조력자의 태도나 주술적인 태도를 통해 논리적 근대성에 대한 쉘링의 돌파는 낭만주의적 지평에 묶여 있다. 이 일에서 쉘링은 자

---

44 역주-쉘링은 『세계의 영혼에 관하여』라는 저술을 냈는데, 이로 인해 괴테에게 인정받아 예나대학의 조교수로 초빙되었다.

유의 자연사를 이성의 태생학胎生學으로서 촉진시켰다. 실제로 젊은 철학자는 열정적인 그 내부에서 아직 세상에 나타나지 않은 자의식의 심장소리를 자세히 알려 주기 위해 산부인과 의사처럼 정신을 배태한 자연의 배에 귀를 기울였다. 아직 의식이 없는 것으로부터 의식이 출생할 때에 도움을 준 조력자에서 쉘링은 근대예술의 위대한 이론가들 중 자신이 제일인자가 되어야 한다는 통찰을 얻게 되었다.

  나이 든 천재의 우울한 심성을 다룬 쉘링의 제2의 신화가 있다. 이것이 나중의 쉘링에게서 나락으로 떨어진 천사의 비극을 지각하게 됨을 뜻할는지도 모르겠다. 사람들은 그것을 사변적 이성의 랭보Jean-Nicolas-Arthur Rimbaud, 1854-1891와도 관련이 있다고 언급하면서, 그가 보여준 삶의 곡선을 누구도 능가할 수 없었던 처음의 높은 상승에 뒤따르는 불가피한 추락으로 해석하려고 시도했다. 많은 저술가들은 어느 것이 제대로 된 쉘링의 모습을 전달할 수 있는가 그리고 노발리스Novalis, 1772-1801처럼 정신력이 강한 영웅이 젊은 시절이 끝날 무렵에 죽은 때에 대해 곰곰이 생각하게 되었다. 실제로 나중의 쉘링을 모든 일에서 힘들게 만들었던 것은 관념적 영웅 숭배로부터 온 것이었다. 두 번째의 인생 후반기가 갈수록 어려워졌다는 점은 부인할 수 없다. 그럼에도 이것은 몰락의 성격이 아니라 많은 어려움을 의식하는 데에 있어 대단히 진지하고 제어하며 억누르는 진전을 했음을 보여준다. 은거하여 지낸 수십 년 동안에 쉘링은 겉보기에 초기 성취의 빛나는 쇰쇄를 분쇄하고 그의 사유의 근본을 문제의 층에서 옮기는 일에 성공한다. 어떤 관념적 사상가도 그보다 앞서 이런 일을 밀고 나아가지 않았다. 이제 그의 눈앞에 세계의 근거에서 보면 무섭고 두려운 것이 다가왔다. 그리고 그는 우울을 자연의 가장 깊은 것으로 인식하기에 이르렀다. 비교할 수 없을 정도로 두텁고 어두운 탐구에서 그는 악을 하나의 진기한 세계 권력처럼 고려했다. 그는 낮은 것이 지닌 무시무시한 힘을 보다 높은 것에 올려놓았으며, 세계진행의 나쁜 충동력으로서 그것의 근본을 규명했다. 그는 신의 허구에 대해 지속적으로 숙고했다. 이는 기원 후 3세기의 알렉산드리아[45]에서보다는 19세기의 뮌헨에서 거의 적절하지 않은 것처럼 보였다.

쉘링의 후기 작업의 추진방향을 우리가 이름을 들어 명확

하게 표현하고자 한다면, 상심의 극복에 대해 말해야 한다. 쉘링의 후기 작업은 나르시시즘 이후의 이성의 노력이 가져온 첫 번째 위대한 기념비를 제공한다. 그의 숙고는 이성의 유한성과 역사성 안으로 침잠해 들어간다. 그것은 하나이자 전체를 붙잡으려는 철학의 파악이 현실적인 것의 본질과 생성의 개방성을 계속 그르치게 한다는 예감의 여지를 준다. 이런 생각은 많은 점에서, 무엇보다도 미래의 우위를 시간의 접합에서 끌어내리려는 데에서 하이데거의 경우 철학적 물음의 새로운 시작을 미리 예감하도록 한다. 쉘링의 후기 작업은 지루하면서도 동시에 비밀스런 과정 속에서 정립되었다. 반동적인 시대[46]의 공공연한 매일매일의 자극 속에 있으며 그리고 전적으로 헤겔의 의기양양한 유혹의 그늘에 가려 있는 한에서 그러하다고 하겠다. 그리하여 부당한 겉모습이 드러나는 가운데 나이 든 쉘링은 시대정신에 의해 극복된 입장들과 결합되어 있는 고전적인 유산을 표명한다.

---

45 역주-이 무렵의 알렉산드리아는 유럽과 북아프리카 인근의 경제와 학문, 문화의 중심지이었다.
46 역주-독일에서 1848년 3월 혁명 이전의 시대를 가리킴.

이런 인상은 계시의 철학에 대한 쉘링의 베를린 시절의 강의의 패배를 통해 강화되고 있다. 그때는 65세의 노학자가 처음엔 매혹적인, 그다음엔 지루하게 된 공중 앞에서 자신의 신지학적神智學的[47]이며 역사철학적인 회피를 함으로써 좌절을 맛보았을 때이다. 이런 오해에 쉘링 자신이 적잖이 기여를 했다고 하겠다. 무엇보다도 그가 논문의 종결을 위해 거의 힘을 들이지 않았기 때문이다. 그가 나중에 계획된 주저의 완성에 대해 끝없는 분노를 숨겼던 초기의 연기演技에 대해 놀랐을 때이지만 말이다. 이에 덧붙여 그의 후기 양식은 불투명하고 엉클어졌으며, 자신이 초기에 공고한 바대로 낭랑한 승리의 확신에의 길로 거의 다시 돌아오지 못했다. 쉘링의 후기 양식에서 그의 놀랄 만한 복합성 및 우울한 명암과 더불어 시대의 꿈과 이성의 전능全能과 이별을 고하게 되었다. 쉘링의 후기 산문은 전력을 다해 그 스스로 죽도록 반성하는 한계에까지 다가서야만 했던 이상주의의 고통

---

47 역주-신지학(神智學, Theosophie)은 보통의 신앙이나 추론을 통해서는 알 수 없는 신의 심오한 본질이나 행위에 관한 것을 신비적인 체험이나 특별한 계시에 의하여 알게 되는 철학적·종교적 탐구이다.

스러운 가면을 보여준다. 그럼에도 이상주의의 자기제어는 쉘링에게 사유를 미래로 열기 위한 필연적인 조건이었다. 이리하여 '아직 아니다' 라는 철학은 시작되고 있다.

이성의 적당치 않은 위대함으로부터 당당히 돌아선 쉘링의 전향에 의하여 동시대적 사유의 서명이 처음으로 확실하게 인정받게 되었다. 쉘링의 가장 저명한 제자라 할 바이에른의 왕인 막시밀리안 2세Maximilian II, 1811-1864, 재위;1848-1864는 자기 시대의 학파의 의견을 대변하고 있거니와, 1854년에 죽은 철학자의 기념비 위에 "독일의 첫째가는 사상가에게"라는 말을 새겨놓고 있다. 신칸트학파나 신혜겔학파[48] 또는 후설Edmund Husserl, 1859-1938에 의해 시작된 현상학적 운동 그 어느 것도 왕의 판단을 전적으로 부인할 수 없었다. 그의 저술의 다양성과 그의 사유에의 힘든 노정을 통해 쉘링은 후세에 성숙이라는 가치의 이념을 부여했다고 하겠다.

---

48 역주-19세기 말부터 20세기 전반에 걸쳐 헤겔 철학을 부흥시키려고 한 일군 (一群)의 철학자들로서, 통일된 학파로서 형성되었다기보다는 헤겔 철학에 근거를 구하면서 자신의 철학을 여러 가지 형태로 전개한 B.크로체, R.크로너, H.오이켄, A.라손, H.글로크너 등이다.

쇼펜하우어
Schopenhauer

　쇼펜하우어Arthur Schopenhauer, 1788-1860는 서구의 이성교회에서 벗어난 첫 번째 순서를 차지하는 사상가였다. 마르크스와 젊은 헤겔주의자들 외에 그는 가장 원칙적인 형식에서 19세기 사유의 혁명적 파괴를 꾀한 인물이었다. 그에게서 좋은 근거를 지닌, 긴 단말마의 고통이 시작되었다. 그는 그리스적이고 유대적이며 기독교적인 신학과 의미심장한 이별을 고했다. 가장 현실적인 모든 것은 그에게서 신적이고 이성적이며 올바른 정신존재를 위해 중지되었다. 그의 의지론과 더불어 세계근거론은 플라톤의 시대부터 비합리적인 것을 경악과 놀라움으로 인정한 시기에 이르도록 유효했던 경건한 합리주의로부터 튀어 나왔다. 쇼펜하우어는 먼저 이성으로부터 존재의 자유로운 에너지와 충동본성을 확립했다. 바로 그런 까닭에 그가 정신분석학적인 세기의 창시자들 가운데 한 인물이 된 것이다. 그는 다가올 미래에 멀리 떨어진 보호자로서 그리고 카오스 이론적이고 체계이론적인 시대의 근친자로서 증명될 수 있다. 그는 아시아의 지혜론, 특히 불교에 대해 최고의 존경심을 갖고서 유럽의 문을 열었다. 그는 장기적으로 자신의 가장 중요한 정신사적 활동을 거기에 두었다. 오늘날 쇼펜하우어의 의지 체념론은 그의 동시대 사람들, 점진적인 실증주의자들과 인간성을 신뢰하는 세계혁명가들에게서보다는 오늘날 (구)서방세계에서 살아가는 인류의 삶의 욕구에 대해서는 틀림없이 더욱 낯설게 들릴 것이다. 그렇지만 이는 오늘날 해방된 삶의 욕구가 자유로운 출발이 만들어내는 문제들을 욕구의 지속적 상승을 통하지 않고서는 해결될 수 없으리라는 것을 우리에게 상기시켜 준다. 쇼펜하우어로부터 다음의 명제가 나온다. 즉, 절망만이 아직 우리를 구제할 수 있다. 그는 물론 절망에 관해서가 아니라 단념이나 포기에 관해 말했다. 단념이나 포기는 근대인들에게는 세상에서 가장 어려운 말이다. 쇼펜하우어는 부서지는 파도에 맞서 그 말을 큰 소리로 외쳤다. 그에 따르면, 윤리적인 문제는 그 어느 때보다도 더욱 철저하게 미해결 상태에 놓여 있다.

키에르케고르
Kierkegaard

  19세기의 두 유산이라 할 역사주의와 진화론은 20세기와 21세기에 들어와 나중에 체험한 사람들의 확신 속에서 공허하고 활기 없는 명제를 속속들이 태워버렸다. 어떤 사상이든 자기 시대의 산물이기 때문이다. 그것을 받아들인 자는 우선 좋은 일을 한 것으로 보인다. 왜냐하면 역사주의는 개별자들을 영원철학philosophia perennis이라는 기괴한 무게로부터 해방시켜 준다. 그리고 그들에게 보다 가벼운 짐을 챙겨 시간여행을 하도록 기회를 준다. 상대주의의 불이익, 고유한 추월가능성의 고통을 이겨내기 위해 발전과 진보의 정상 위에 앉는 것은 충분하다. 역사적 사유는 형이상학을 보증하는, 절대적이지만 남을 미혹시키는 주권을, 전진을 위해 멈출 필요가 있는 사유의 상대적 주권을 통해 보완한다. 역사주의는 속임수이며 형이상학 이후의 관점을 반값으로 얻을 수 있다는 사실을 키에르케고르Søren Kierkegaard, 1813-1855로부터 배워야 한다. 키에르케고르에 있어 근본적인 사유는 자기 시대의 산물이 아니라 자신의 날짜에 대한 고백이다.

보다 새로운 사상가와 함께 획기적인 근본입장과 철학적 체계의 계열에서 그의 자리를 표시하는 일을 시도하는 가장 중요한 규정은 의심할 나위 없이 날짜이다. 헤겔에 의하면 그렇다. 헤겔과 더불어 이중적 암시가 상호 결합된다. 어떤 이에게는 "헤겔에 의하면"이라는 형식은 헤겔의 저술에서 완성되었다는 소견에 따르는 것이다. 이제부터 철학의 역사는 스스로 번지고 관통하는 개념의 서사시로서 체계적으로 기술될 수 있다. 하지만 만약 정신의 역사가 동시에 세계사의 실체라면, 한 편의 완성은 또한 다른 편의 종결을 암시한다.

---

49 역주-이오니아는 소아시아 서해안 중부 지방을 가리키며, 이곳에는 고대 그리스의 많은 식민시(植民市)가 있었다. 이 지방은 육지와 바다를 끼고 동방의

정신의 커다란 방황 이후에 이오니아[49]로부터 예나로 향하는 중에 끝없는 축제일의 전야가 나타나기 시작했다. 거기에서 역사적 투쟁의 결과물이 관조적으로 그리고 놀이로 향수될 수 있었다. 헤겔에 의하면 날짜를 적어 넣는다는 것은 여기서 감사하게 깨우친 계승자로서 원칙상 완결된 세계 안에 조직되는 것을 의미한다. "헤겔에 의하면" 날짜란 물론 역사철학적 전원시田園詩에 대해 항의하는 표시이다. 왜냐하면 그것은 대개의 사람들에게 자발적인 삶의 체험과 일치하기 때문이다. 그의 경우엔 이성적인 것은 아직 현실적인 것이 아니고, 현실적인 것은 아직 이성적인 것이 아니다.[50] 이와 같은 이의 혹은 항변은 넓은 의미에서 젊은 헤겔주의자들의 입장으로 인도한다. 그들은 주된 일에서 헤겔을 단지 경솔하고 성급하다고 비난한다. 만약 그들이 대가의 업적

선진제국과 교류하였으므로, 옛 오리엔트 문명의 영향을 많이 받아 일찍부터 개화하였다. BC 6세기경 이 지방에 철학이 생겨나, 그리스 최고(最古)의 철학자들을 배출하였는데 그들을 통틀어서 이오니아학파라 일컫는다. 이 학파는 자연을 문제로 삼는 자연철학이었다.
50 역주-헤겔 법철학의 핵심은 "이성적인 것은 현실적인 것이요, 현실적인 것은 이성적인 것이다."에 압축되어 나타나 있다.

을 비판적으로 인정한다면, 그것은 역사의 마지막 장으로서가 아니라 역사의 끝에서 두 번째 장으로서이다. 그들은 이론의 완성이란 결코 또한 이미 실천적 실현을 의미하지 않는다고 하여 그 구별을 고집하여 주장한다. 오히려 이제부터 당분간은 지속적으로 이론으로부터 실천으로 이행되어야 한다. 헤겔 이후의 집단은 완성의 순간을 그 뒤의 기간으로, 즉 최후까지 또한 헤겔정신에 의해 뛰어넘은 위인들의 요청이 만족될 때까지 미루었다. 예컨대 프롤레타리아트, 여성들, 소외된 자들, 식민지인들, 정신과 영혼이 병든 자들, 차별받은 소수인들, 끝으로 또한 전체적으로 노예가 된 자연의 요청이 만족될 때까지 완성의 순간을 미루었던 것이다. 얼마나 이들 주제와 동인이 정보를 받은 불만족에 의하여 추가요구를 하느냐 하는 정도와 크기에 따라 이 모든 요청과 간청은 앞으로 나아간 역사의 가능한 주제이자 동인이 된다. 그리고 이 추가요구들은 역사적 작업과 투쟁을 통해 충족되어야 할 것이며, 맥풀린 후속사의 지금이 나타날 수 있기 전에 그리해야 할 것이다. 그리하여 만족하지 못한 헤겔 이후의 학자들이 말하는 기조어는 투쟁은 계속되어야 한다는 것이고, 궁극적인 작업은 해야 하며, 아직 투쟁하는 이론은 비판적인 것으로서 앞에 놓여야 한다는 것이다. 이론은 진리의 횃불을 아직 진실이 아닌 세상을 통해 운반해야 한다. 이론은 만족스럽지 못한 부분의 시각을 거짓 믿음의 전체로 총체화한다. 이론의 날짜는 이론적 예상으로부터 실천적 완성으로의 이행 기간을 말해준다. 이는 헤겔에 의하면 이성의 왕국 앞에서이다.

사람들이 다만 연대기를 향하고 있다면, 헤겔 이후의 사유와 다름없는 것을 하나의 변형을 키에르케고르에게서 기대할 수도 있을 것이다. 키에르케고르는 진리에서 형이상학적 완성의 도식을 전체적으로 부수고 시간의 자리에 앉힌다. 여러 가지로 연장된 계몽이 벌인 최후의 결전 및 역사의 결산과 더불어 더 이상 공통으로 지니지 않은 시간이다. 그리하여 "헤겔에 의하면"이라는 입장은 완전히 다른 의미를 부여한다. 다른 의미란 수행된 절대적 반성의 만족스런 의식을 뜻하지도 않고, 완성의 비판적 연기延期를 암시하지도 않는다. 실존의 시기에 사유를 위해서는 헤겔에 의해 열려진 그 어떤 입장을 받아들이는 것은 중요한 것이 아니다. 오히려 헤겔이라는 이름은 모두 형이상학의 육중함을 위해 존재한다. 거기에서 실존적 사유를 해결하고자 탐구한다. 더 이상 객관적인 것에 의존하지 않고 주체성의 심원함을 열어 놓는다. 사물의 인식에서 헤겔과 관계를 끊고자 계획하는 자는 이 일과 더불어 동시에 플라톤이 남긴 유산과 기독교 신학의 가장 커다란 부분을 떨쳐 내야 한다.

실존에 대한 키에르케고르의 반성은 자신을 위해서 그리고 자신의 동시대인을 위해서 보다 깊게 날짜를 기입할 필연성을 밝혔다. 만약 주체성이 진리 혹은 비진리非眞理라면, 파괴적인 의미에서 플라톤에 따라 그리고 부조리한 의미에서 그리스도에 따라 또는 동시에 그리스도와 더불어 날짜를 기입하는 것은 타당하다. 플라톤은 형이상학으로써 철학의 기초를 다졌다. 그는 철학에 스승다운 주장을 깊이 뿌리박게 했다. 즉, 완성되지 않은 것을 완성되게 하고, 유한한 것을 무한한 것으로 옮겨 놓았다. 이러한 철학적 통과는 숭고한 퇴화 혹은 후퇴의 성질을 지닌다. 거기에선 실존적 지성은 실존 이전의 직관을 향해 더듬어 되찾게 된다. 형이상학적 근본행위, 초월은 절대적인 것에서 근원을 다시 획득하기 위해 시간으로 되돌아오는 것을 의미한다. 키에르케고르는 이러한 철학적 경향에 대해 근본으로부터 문제를 제기한다. 그에 있어서는 개념이라는 빛의 실타래에서 시간을 초월한 곳으로 오르는 것은 불가능하다. 플라톤의 날과 교부의 날로부터, 신 안에서 인간정신을 새롭게 시도한 귀향은 그에게 배반의 이력으로 나타난다. 이 이력은 형이상학의 시대에 특히 중요한 지배적 기독교의 징후를 드러내는 개별자들을 미혹시켰다. 그러나 그것은 온갖 비약을 끝내고 불화와 의심으로 귀환하는 주체성의 진실이다. 이는 키에르케고르의 경우에는 특히 믿음의 행위에서 분명하게 드러난다. 이런 믿음을 가지고 그리스도를 추종하는 인간은 기독교 교리에 대한 불신의 나락으로 떨어짐을 무시했다. 단지 형이상학화되고 종교상 권력을 지닌 민속학으로 부풀어 오른 기독교만이 순교자의 전통이나 성자들과 교부들의 전통이 한데 모여 증거들의 총합이 된다고 상상할 수 있었던 것으로, 신앙심이 돈독한 개별자들은 철학자가 자신의 내적 원상을 회고하듯이 이와 같은 증거들을 조용히 회고할 수 있다. 그럼에도 키에르케고르에 있어서 개별자란 오늘날에도 기독교의 설화 앞에서는 완전히 어색한 존재일 뿐이다. 그가 추종자가 되기로 결심한다면, 그것은 어떤 경우에라도 이미 많고 많은 권력자들, 신경과민 반응자들, 순응주의자들이 이 길에서 그를 앞서 갔기 때문이 아니다. 신앙은 신뢰를 결정하는 근거 위에서만 타당하다. 신뢰를 위해서 외적인 근거는 궁극적으로 도움이 되지 않는다. 키에르케고르에 있어 신앙이란 교회나 제국의 테두리 안에서 편안한 모방충동에 굴복하는 것이 아니라 비신앙적인 것에 직면하여 하나의 선택과 마주치는 일이다.

"처음으로 하는" 이 선택에서 키에르케고르는 앞을 향해 열려 있는 실존적 시간의 심장박동을 발견했다. 그와 더불어 본질적으로 새로운 것을 위한 가능성이 열려 있다. 본질적으로 새로운 것은 단지 유사성에 근거하여 영원한 모델에 적용되는 것이 아니다. 이런 의미에서 키에르케고르와 더불어 근본적이고 실험 도중에 있는 근대성의 사유가 시작된다. 그는 의심과 의혹 및 창조적 결정의 시대에 제일인자로 발을 들여 놓았다.

마르크스
Marx

    마르크스Karl Heinrich Marx, 1818-1883의 저술들이 처한 운명은 당대에 그것을 논한 사람들을 '모든 역사는 해석자들의 투쟁의 역사'라는 빈정거리는 언급으로 자칫 오도할 여지가 있었다. 그 기원에서 볼 때 해석이 낳은 격노는 일종의 신학적인 분노furor theologicus이며, 그것이 가장 잘 이루어지는 곳은 호전적인 일신교의 분위기에서이다. 그 점이 어느 곳보다 잘 드러나는 곳은 바로 기독교 역사에서인데, 기독교는 18세기 이래로 예배와 이해를 위한 미증유의 권력 욕구에 대한 의지를 갖고서 여러 저술로 된 폭이 좁은 분책, 이른바 신약성서를 관리하게 되었다. 기독교 외에 텍스트 해석자가 지닌 세계사 형성능력을 증명해주는 다른 대안은 없다. 로마 가톨릭은 해석을 함에 있어 어떤 관료적인 독재의 이상형을 기념할 만한 특징으로 체현하고 있다. 로마 가톨릭에서 주교 통치권과 해석을 통한 폭력과의 일치는 최종귀결에까지 고려되었고 실행되었다. 법이란 그 내용이 아니라 공공의 권위에 의해 타당성을 부여 받는다Autoritas, non veritas facit legem. 텍스트가 아니라, 해석자가 법칙을 제시한다. 항상 언제나 옳은 정당이 거주했던 곳은 제3제국이 아니라 첫 번째 로마였다. 주요개념을 제공하는 것은 해석자라는 이 규칙은 복음으로 점철되어 있다. 그리고 이는 교회의 기초자료에 적절한 고전 텍스트에만 해당되는 것은 아니다. 그 점은 근래의 복음에 버금가는 최근의 저술들에서도 나타나고 있다. 각기 나름의 방식으로 19세기의 여명을 20세기로 옮겨놓은 대가로 사람들은 단숨에 마르크스, 니체와 프로이트 세 사람을 들고 있다. 그리고 사람들은 '나쁜 소식의 전파자dysangelist'라고 불리던 그들의 공통분모를 입증하기를 원했다. 그들은 무엇보다 기독교적 인본주의를 대변하고 있음에도 현대 시민들이 어느 때부터인가 염두에 두고 있었던 인간현실의 근본능력에 대한 세 가지 아주 나쁜 복음을 전하는 자들로 여겨진다. 즉 이상주의적 허구픽션를 지배하는 것은 생산관계라는 것, 상징적 체계를 지배하는 것은 권력의 의지인 생명기능들이라는 것, 인간 자의식을 지배하는 것은 무의식이거나 본능이라 것이 바로 그것이다. 나쁜 소식의 전파자인 이 세 사상가들은 세 가지 서로 다른 목소리로 '그대들은 구조와 체계의 수감자들이고, 진리는 너희를 부자유하게 하리라.'는 동일한 운명을 선포하는 것처럼 보인다. 이러한 점에서 어두운 전령들인 마르크스, 니체 및 프로이트는 고양하고 결속하는 것이 아니라 해체하고 무겁게 부담을 주는 진리의 전달자인 것이다.

좀 더 자세히 살펴보면 물론 그들은 인간의 타락과 분열에 대한 말세론적 전령들과는 완전히 달리 작용하고 있다. 반대로 그들은 모두 그들 나름대로 사도라고 불릴 수 있는 후계자 형식들을 찾았고, 그 표현은 기독교적 패러다임에 전혀 영향을 받지 않았음이 분명하다. 니체나 프로이트와 마찬가지로 마르크스는 해석자지배 원리가 권력을 누렸던 텍스트와 경향들의 원저자로 되었다. 그들 모두는 자신들의 저술에서 경력을 위한 표제들, 즉 쿠데타나 사회기초나 사유방식이나 생활방식을 극단적으로 개혁하기 위한 선전 문구를 찾아내는 민첩한 독자들을 발견하였다. 또한 그들의 저술들은 한결같이 비교수Nicht-Professor라는 현대적 교직을 증명하고 있다. ─ 이들은 19세기 이래로 대학들이 극히 창조적인 지성인들로부터 얼마나 동떨어져 있는가를 보여주고 있다. 오늘날 대가의 해석자들이 그렇듯이 그들에게 중요한 사실은 제국, 교회 및 그들이 운영하는 학교가 그들에게 일거리를 제공해준다는 점이다. 또한 막강한 마르크스주의에서처럼 이 세 가지 심급인 제국, 교회, 학교가 단 하나의 의미 부여인 중앙권력에 융해되어 있는 곳에서는 고전을 해석하는 기능자들이 귀족주의와 결합된 성직자가 지닌 제어하기 힘든 특권을 누리게 된다. 전체주의 체계에서 2차 지배권은 대가텍스트의 호위 아래에서 경건하게 정립될 수 있다. 사이비교파가 권력을 쥔 곳에서는 성실과 배반이 구별되지 않는다. 극히 최근까지 서구 마르크스주의자들은 스승 자신이 자신의 원칙에서 어느 정도 벗어난 것을 환영하였다고 상상하는 것이 통례였다. 진리의 마지막 대부로서 마르크스는 아버지에 모순되는 것도 아버지로부터 유래한다는 믿음을 아들들에게 심어주었다. 마르크스 교단은 역사를 통해 아버지, 아들 및 비판의 통일된 과정을 편력하였다. 나는 해석한다, 그러므로 나는 그 누군가이다. 시대에 적절한 해석은 권력공간 내의 어떤 위치로의 통로를 열어준다. 성스럽고 고전적인 저술들이 제국, 교회 및 학교의 기초가 된다는 짐작들을 담고 있는 곳에서 해석자들은 서열 내에서 선택된 장소를 보장받았다. 위대한 역사는 자고로 의미병사들die Sinnsoldaten의 왕국이 아닌가? 레닌, 스탈린, 마오쩌둥毛澤東,1893-1976, 폴 포트Pol Pot, 1925-1998와 같은 인물들을 마르크스 해석자로 인정한다면, 마르크스주의는 그것을 뻔뻔스럽게도 자기 것으로 삼은 사람들의 프리즘을 통해 보자면 의심의 여지없이 최근 이념사에서 우뚝 솟은 해석과 권력의 복합체일 것이다. 당대에 현직에 있었던 마르크스 이론의 최고 제사장Pontifex maximus이었던 스탈린이 교황의 군단이 몇인가 하고 불길한 물음을 제시했을 때, 공연히 로마 라이벌을 능가한다고 느낀 것은 아니었다.

　그토록 많은 나라들 —이들은 거의 제2세계를 세우자

고 주장했었는데— 에서 마르크스주의적 해석독재들이 정치·경제적으로 와해된 이후에 마르크스의 독자가 얼마나 많으며, 그중에서 훌륭한 독자가 얼마인가라는 물음이 생겨나고 있다.

물론 예전에도, 특히 서구 마르크스주의에서 무장武裝한 애호가들로부터 마르크스를 보호하려는 영민한 시도들이 있었다. 20세기의 20년대 이래로 좌익 지성인들 사이에서 마르크스를 제대로 이해되지 못한 대가로 여기고, 일종의 비판적 계시가 비로소 그의 진정한 의도에 이르는 길을 보여준다는 목소리가 있었다. 이때 진정한 마르크스를 유토피아주의자가 아닌 체계분석가로, 인본주의적 이데올로기의 주창자가 아닌 구조적 학자로 대비시켰다. 그처럼 뒤바뀐 아이러니의 니셰Nische[51]에서 『자본론』의 저자는 20세기 70년대에 이르기까지 자신의 이름을 가지고 다니는 불치의 무종교인으로 존속할 수 있었다. 이데올로기의 환영幻影이었던 소비에트연방이 사라진 후에야 마르크스 저술들이 그 작용

---

[51] 역주-건물에서 꽃병 따위를 놓는 벽의 오목한 부분을 일컬음.

사로부터 벗어날 기회가 주어져야 하지 않을까 하는 의문이 생겨났다. 증명된 다른 의도들로 인해서 그것들이 자유롭게 되지 않을까? 그것들이 새로운 독해로 안내를 받아, 마치 실제로 저술들은 언제나 처음처럼, 억압 하에 있었지만, 점령군이 물러나 자유로워진 나라에 비유할 수 있다. 새로운 텍스트 지역을 여행하는 자들 중에 거기서 경제와 매체가 발전한 사회관계에 빛이 직접 비추리라고 믿는 사람들은 거의 없을 것이다. 아마도 한 세대가 지나서야 마르크스를 그 텍스트에서 마치 그와 가장 비슷했던 저술가들, 예를 들어 피히테, 헤겔, 포이어바흐Ludwig Andreas Feuerbach, 1804-1872 및 키에르케고르를 오늘날 읽는 것처럼 읽게 될 것이다. 즉, 독일 이상주의 혹은 관념론에서 어느 정도 '완성'된 듯 보이지만, 소위 그 형이상학 이후의 유산에서 유령으로 살아 있는 형이상학의 마지막 무대에 있는 운명의 인물로 읽히게 될 것이다. 그때야 비로소 사람들은 마르크스 저술들 속의 철학적 ─ 기본개념적 층이 소외라는 피히테 이념을 더욱 발전시킨 대체안임을 알게 될 것이다. 이런 의미에서 마르크스주의는 독일 이상주의 혹은 관념론에 대한 일종의 각주였고, 그것은 영적 소외사상을 20세기 지적 분야로 전위시킨 것이라고 말해도 무방할 듯하다.

미래의 훌륭한 독자는 마르크스 텍스트에서 고전적 형이상학의 오래된 꿈들이 시대에 적합한 익명으로 덮여 있었던 개념과 은유들에 주목하게 될 것이다. 특히 도처에 자리 잡고 있는 역사적 주체의 완벽한 자기확신이라는 환영과 자본에서 벗어난 세계에서 생산을 통해서 본연의 자기만족을 다시 얻을 수 있다는 지하의 비밀스런 신학적인 모티브가 그렇다. 사람들이 주석註釋을 두고 벌어진 종교전쟁의 소멸 뒤에야 비로소 가능하게 된 호기심과 의연함으로 마르크스의 작품을 연구하게 되자, 그 즉시 "프롤레타리아 이성"이라는 그의 철학적 허구에 관한 근본 형태들이 드러난다. 정치경제학에 대한 구세주적 비판을 내용으로 하고 있는 의미심장한 저서의 당사자인 귄터 슐테Günter Schulte, 1937- 52와 더불어 우리는 "당신은 마르크스를 알고 계십니까?"라는 물음을 되물

---

52 역주-귄터 슐테는 쾰른대학교 철학교수로서 자의식, 몸, 성, 죽음의 연관관계에 대한 탐구를 하고 있으며, 인간실존에 대한 철학적 담론을 심화하고 있다.

어도 좋다. 그로부터 마르크스의 새로운 독자가 "프롤레타리아 이성의 비판"[53]이라는 모험에 참여하지 않고서는 마르크스를 알고 있다고 말할 수 없음을 확인하게 될 것이다. 말하자면 새로워진 마르크스-지식은 이제 와서는 무색해진 사회비판의 고전적 인물을 비판이 없는 시대에 또 다시 사람들에게 유행시키는 의미를 지니고 있지 않다. 오히려 마르크스의 영감을 따라간다는 일은 국가로 된 폭력, 기계로 된 정신, 완전히 네트워크화된 돈으로서 그 어느 때보다도 개개인의 삶을 파고드는 개념들의 유령역사 속으로 들어가는 것이다. 말할 것도 없이 앞으로 이론적 명성을 얻을 마르크스이론은 죽어버린 노동을 다시 불러내는 자로서 마르크스의 업적과 연결된다. 정치경제학이라는 그의 비판의 핵심은 무술적巫術的이다. 가치가 드리운 그림자Wertschatten와 싸우기 위해 사자死者의 영역으로 내려가는 영웅으로서 마르크스는 오늘날도 신비스런 방식으로 현실의 문제가 되고 있다.

---

53 Günter Schulte: Kennen Sie Marx? Kritik der proletariscehn Vernunft, Frankfurt am Main/New York 1992 비교.

화폐가치로 사람들 사이를 배회하고 냉소적 소통체로서 산 사람의 시간과 영혼을 뺏어가는 불사자不死者는 오늘날 이미 아무런 저항 없이 발전된 사회를 지배하고 있다. 이런 사회에서 노동, 의사소통, 예술 및 사랑은 완전히 돈의 결정전이다. 현재의 대중매체시대와 체험시대에 실체를 형성하는 것은 바로 이것들이다. 돈이 사용되기 위해서는 시간이 필요하기 때문에 소위 위대한 역사도 유령적인 방식으로 계속된다. 경향상 모든 역사는 사용 혹은 소비나 낭비의 역사가 되었다. 그것은 언제나 연기를 놀이하는 유희이다. 하지만 그러한 역사는 산 자와 죽은 자가 세상의 재산에 대해 논의하는 것이 아니라, 경제화된 유령이 살아 있는 자들에게 철저히 파고드는 것이다. 우리 시대에 인간의 주관성으로부터 점점 더 노골적으로 돈의 영혼Geldseele이 내다보고 있다. 구매된 구매자들과 창녀화되어 창녀 일을 하게 된 사회는 글로벌화된 시장관계에 순응하는 처지이다. 고전적 자유주의의 될대로 되라Laissez-faire는 포스트모던의 흡입으로 드러나고, 또한 흡입을 허용한다. 원격의사소통인 텔레커뮤니케이션은 모든 것을 다 빨아들이는 원격 흡혈귀주의와 구별하기 점점 더 어려워진다. 멀리 내다보는 텔레비전과 원격 흡입자인 텔레사우거는 저항적 삶 혹은 본연의 삶이 무엇인지 모르고 흘러가는 세계에서 물을 퍼낸다. 흡혈귀에 관해 말하지 않으려는 사람들은 철학을 말하지 말아야 하는 시대가 도래했을 수도 있지 않은가? 이것이 사실이라면 그 시대는 어쨌든 두 번째 기회를 맞이한 마르크스 시대일 것이다.

니체
Nietzsche

민주주의자들에게는 하나의 성가심이요, 교수들에게는 멍청이인 프리드리히 니체라는 이름은 예술가와 수정주의자들에게는 여전히 심금을 울리고 있다. 니체수용사의 운명에서 이러한 차이의 근거는 니체 저술 자체에 있다. 어떤 사람들은 그것이 제시하는 것 이상을 받아들이고, 어떤 이들은 첫 번째 사람들이 받아들인 것 이상을 주려고 하기 때문이다. 그렇기 때문에 후자들은 매료되고, 전자들은 주저한다. 한편으로 니체는 윤리적 진지함이라는 전래된 세계관을 무시하였고, 다른 한편으로 그는 미학적 진지함을 세계에 정립하였는데, 그것을 파악하는 일은 그 정당성을 그에게 돌리는 사람들에게도 힘든 진지함이다. 니체의 친구와 적敵은 그의 저술을 일종의 예술-형이상학으로 정의하는 데 일치하고 있다. 즉 그들은 그것을 —좋고 나쁜 의미에서— 미적 세계관으로의 정신사적 전환점으로 인정한다. 두 파의 고민은 칭찬과 경고로 달리 규정된 미적 세계관이 무엇에 의해 그 혁신적 중요성을 지니게 되는가 하는 물음에 적절하게 답하는 것이다. 현존재의 미학적 정당성이라는 공식은 제멋대로 자주 인용할 수도 있지만, 미적인 것이 대체로 어느 정도 진지한 것 —전적으로 인간적인 삶— 에 대한 정당성으로 여겨질 수 있는가를 정확히 규정하지 않는 한, 이로 인해 우리는 아주 위험천만한 말장난으로 이끌려 들어갈 수도 있다. 니체에게 있어서 미적 세계관은 경박함을 제멋대로 풀어놓는 것이 아니다. 그것은 또한 예술가들이나 다른 성숙하지 못한 이들에게 반값으로 어떤 윤리를 제공하는 데 만족하지 않는다. 현실원리로부터 도피하는 자들은 니체에게서 제대로 보상받지 못한다. 왜냐하면 니체는 미적인 것이라는 기호 아래 진지함이라는 다른 지평을 발견하였는데, 이는 고전주의를 모방하는 상투적인 틀의 군인다운 진지함이라는 전통 문화와는 전혀 다른 것이다. 옛 도시국가와 현대 연방국가의 청년들이 자신들의 삶으로 모국의 존재와 정당성을 옹호할 준비가 되어 있을 때 그것은 그들에게 꽤나 진지한 것이다.

하지만 니체는 군사적·국가적 진지함의 지평을 훨씬 너머 주시하고 있다. 자기 자신의 성장 또는 생성을 표본적으로 연구함으로써 니체는 개인이 스스로 자신의 운명과 더불어 사투해야 했던 자아탄생투쟁der Selbstgeburtskampf의 진지함을 발견해 냈다. 니체는 그때까지 거의 한 번도 특별히 밝히지 않았던 사정을 예리하게 들춰내고 있는데, 본래적 삶을 원재료 그대로인 상태에서 끄집어내어 그것을 작품 일반으로 만드는 과제가 생사투쟁의 특성을 받아들이게 하는 것이다. 그러기 위해서 니체는 결국 심리학자라기보다는 심리선동가인 셈인데, 영혼을 보살피는 그의 천재성이 20세기로 가는 길목에 본래 심리학적, 혹은 기념비적 파수꾼의 모습처럼 세워져 있는 듯이 보일 때도 그렇다. 심지어 심리화의 전령이었던 지그문트 프로이트도 자신이 니체의 문을 통과해 자신의 영역에 도달했음을 한평생 부정하지 않을 수 없을 정도였다.

현대의 심리선동가로서 니체는 재능과 성격이라는 재료에서 거대한 삶의 그림을 그려내는 아름다운 유혹으로 안내하는 자이다. 이로써 니체는 삶 본연의 어려움들의 합리화 이상의 것을 세상에 정립한 것처럼 보인다. 그는 현대 세계에서 교육의 세속적 변화에 직면하여 자신의 교육학적 심리선동가적 충동으로 응수하였다. 사회심리학적 관점에서 현대성이란 개별자를 끝까지 교육하는 것은 불가능하다는 점으로 정의할 수 있을 것이다. 즉 학교는 졸업할지언정 성숙이란 존재하지 않는다. 그렇기 때문에 부모들과 선생들은 자신들의 제자들과 체계적으로 "더 이상 관계가 없다고 하겠는데", 그 이유는 교육적 적응작업이 의존하고 있는 완성된 세계 자체가 나름대로 역동성을 통해서 와해되어 버렸기 때문이다. 젊은이와 세계를 잇는 조화로운 운율로서의 교육은 공허해졌다. 자신들의 실질적 성과를 실제로 이미 최종결과로 여기려던 자들은 니체의 격렬한 냉소가 점화되었던 저 마지막 인간 중에 하나일 것이다. 니체에게서 미적인 세계관이 등장한다는 점은 사실 세계적으로 고전주의 이후의 인간상승을 위한 전략의 시대에 일종의 극히 심리선동가적 프로그램인 셈이다. 그것은 현대 개인이 처한 궁핍에 반응하는 일이다. 이러한 맥락에서 초인이라는 악명 높은 니체의 용어가 뜻하는 바는 어머니들과 선생들이 세상에 보낸 절반 정도의 제품으로부터 자아형성적으로 계속 성장하는 자아— 예술작품을 만들어내라는 요구 또는 도전에 지나지 않는다. 이 프로그램의 귀결은 결국 자아인식 우선으로부터 자기개발 우선으로의 이행이다.

이것이 너무 높게 파악된 것처럼 보이는 사람에겐 니체 이후 백년이 지나 노조가 지속적인 평생교육의 필요성을 설교하고 있다는 사실을 염두에 두면 좋을 것이다. 초인이라는 개념에서 천재적, 종교적 요소를 제거하면 자동적으로 교육시설 혹은 교육제도라는 개념에 도달하게 된다. 어쨌든 거기서는 개체에게 신성을 부여하려는 자극적인 태도, 니체적 충동은 사라지는 것처럼 보인다. 그 점은 비정규적 초인시장이나 예술시장에 의해서도 무효화되지 않는 극단적 엘리트개념으로 되돌아갈 때만 다시 첨예화된다. 어떤 곳을 보아도 오늘날 이러한 흔적은 보이지 않는다고 전제할 때,

우리는 세계적인 스타-시스템의 예술독재자들과 자생적 신들 속에서는 오히려 익살광대를 보게 된다. 이들은 예술 독재자나 자생적 신들이 되고자 하는 화신化身으로서의 익살 광대들이다.

이러한 점을 전제할 때, 인간을 더 높은 차원으로 사육한 다는 위험한 사상의 가련한 대가인 니체는 오늘날 일종의 길들여진 저술가로 간주되어도 좋을 것이다. 물론 그는 자 신의 작품 중 가장 논란이 많은 어느 곳에서 익살광대라는 이름을 선전하기도 한다. 이러한 —단지 이러한— 전제하 에서만 초인이론 속에서 세계를 움직이는 유용성이나 긴요 함에 대한 사상이 발견된다. 그는 현행 문화가 전지구적으 로 유용한 개인들이 충분히 많은 생산을 할 수 있는 교육체 계나 자아교육체계를 찾아내야 한다고 가르치고 있다. 그와 같은 자아교육체계 혹은 자아사육적 혁명 없이는 현재 인 류는 스스로 자인하는 문제들을 해결할 수 없다. 중요한 것 은 자아교육의 심각함과 환경적 심각함을 수렴시키는 일이 다. 니체에 관한 한 그는 결정적인 곳에서 자기 작업을 모든 가치의 변화 혹은 전도顚倒로 기술하고 있다. 이 공식이 지닌 문화혁명적인 관련성들은 수없이 많다. 지금까지의 그 의미들 —니체의 자기의미를 포함하여— 이 불충분할 때조차도 그렇다. "동전의 개조"라는 고대 키니코스 학파[54]의 모티브를 니체는 반기독교적 전향이라는 작업에 정립하기 위해 도입하였다. 사람들이 알고 있듯이 니체의 종교개혁적 꿈은 소크라테스나 바울의 시대부터 서구세계를 억압하여 추방으로 내몰았던 병약한 형이상학morbus metaphysicus에 반대하여 건강이라는 반동혁명을 야기하는 일이었다. 동전을 재주조하려는 사람은 신약성서와 다를 바 없는 플라톤 텍스트를 다시 써야 한다. 중요한 니체 효과는 진지한 패러디에서 예기치 못한 대립된 의미를 성경구절에 부여하는 그의 재질에서 시작해야만 한다. 그는 옛 가사를 새로운 멜로디로 노래하였고, 옛 멜로디에 새로운 가사를 붙였다. 그의 패러디 천재성은 높고 낮은 어조로 된 전래된 모든 담화의 종류들을 파괴하였다. 희가극 가수 혹은 종교창시자로서 니체는 산상

---

54 역주-키니코스 학파(Greek: *Κυνικοί*, Latin: Cynici) 또는 견유학파(犬儒學派)는 자연과 일치된, 자연스러운 삶을 추구하는 철학자들을 말한다.

수훈을 달리 설교하였고, 시나이 산의 십계명을 달리 썼다. 반플라톤주의자로서 그는 높은 곳으로 올라가려는 영혼에 지상의 권력과 힘이라는 계단을 그려 넣었다. 텍스트를 다시 쓰고, 일반적 성과의 역량들을 우회하여 인도하는 것이 결정적인 것인가를 의심해도 좋다. 하지만 도덕법칙의 정신을 오늘날 시대에 상응하여 새로이 공식화하려는 니체의 시도가 지닌 태도는 그 어느 때보다 끝난 것이 아니라 효력이 있다고 하겠다. 니체의 패러디 기법으로부터 산업적 동물이라 할 호모 사피엔스가 존속할 수 있는 규칙이 쓰여 있는 칠판을 새로이 쓰는 과제를 위해 어쩌면 우리는 무엇인가를 배울 수도 있을 것이다. 가치들을 재평가하고 한결같이 돌고 있는 지구에 성실한 것이 과제라는 점이 증명될 수도 있을 것이다.

후설
Husserl

　인간이 사유하는 중에 자신의 방향을 잡기 위해 얼마나 많은 확신이 필요한가라는 방심할 수 없는 물음에 대하여 현대철학의 저술가들 가운에 여러 사람들 —우선 데카르트, 피히테, 후설— 이 절대적 확신을 만족케 하는 명료한 주제로 답하고 있다. 이러한 요구와 더불어 현대의 과정에서 다분히 새롭게 받아들인 엄밀과학으로서 철학이라는 프로젝트가 시작되고 있다. '엄밀함' 일반의 원초적 실현으로서 철학의 이념은 거기에 마지막 근거를 두고 있다. 여러 학문들에 앞서서 혹은 그것들을 초월하여 진정 엄밀한 사유는 대상적 현상들 전체를 의식의 소산으로 증명하고자 한다. 초반에 정립한 물음이 위험한 이유는 그 물음이 절대적 확신을 추구하는 것에 실존적 가련함이라는 결핍의 계기가 깃들어 있다는 속삭임이 있기 때문이다. 무조건적 확실함을 추구하는 것은 치명적인 불확실함을 고백하는 일과 마찬가지다. 도달한 확실함에서 갖게 된 평온함은 무한한 불확실함에서 오는 어떤 근거에 뿌리를 두고 있다. 이러한 혐의와 이울러 메타철학적 모티브, 즉 배경물음들이 존재해온 이래로 사유하는 영혼의 휴식을 얻고자 하는 철학적 노력이 생존하는 법을 배우고 있다. 여기서 알 수 있는 것은 어떻게 과학이라는 프로젝트가 고대 그리스로부터 막강하게 작용해온 지성에 치유방도인 철학의 모티브를 현대적 지반에서도 정당화시킬 수 있는가 하는 점이다. 불안과 안정 사이에 벌어진 유럽사적 티타노마키아[55]에서 절대적 확신의 당원들은 성스러운 대지의 측면에 진陳을 치고, 그들은 교부처럼 대체로 우리의 마음이 명증 속에서 평화를 찾을 때까지 불안하

[55] 역주─티타노마키아(Titanomachia)는 그리스어로 '티탄들과의 싸움'이라는 뜻이다. 그리스신화에 나오는 제우스와 티탄 신족 사이에 10년 가까이 벌어진 전쟁으로서 마침내 제우스의 승리로 끝났다.

다고 고백하는 듯하다. 진정 명증성에 도달할 수 있는가 없는가, 거기에 도달한다면 그것이 불안한 동물의 존재론적 정신병을 치유하는 데 쓰일 수 있는가 없는가 하는 물음에서 현대정신이 갈라진다.

20세기의 세계적인 철학의사 중에서 현상학의 창시자인 후설에게 아주 특별한 지위가 주어진다. 사유하는 자기지각의 스승으로서 그와 그의 제자들은 이론적 요양소를 물러나는데, 거기에는 상세한 설명이라는 청정 대기에서 오직 해명훈련 이외의 다른 어떤 조치도 일정에 들어 있지 않다. 학생들은 후설의 마법의 산[56]에 올라가 오로지 순수한 환자임을 거부하는 기술만을 배웠다. 그들은 아름다운 고난 속에서 이미 오래전에 알려지고 의식된 듯 여겨지는 것 앞에서 현상학적 끈기를 수행하였다. 환자들에게 주어지는 보수로서 주체의 평범함 혹은 일상성에 대한 통찰이 예정되어 있었다. 누구든 일단 명증성이라는 저 희귀한 요양소에서 일

---

56 역주-저자는 의도적으로 토마스 만의 소설 『마법의 산』에서 다보스요양소의
내용을 이곳에 비유적으로 접목시키고 있다.

정시간을 보낸 사람은 엄밀성의 답답함에 관해 무엇인가를 알았다. 개의치 않으면서도 근심을 가득 안고 혼자 살아가는 현세주의자들은 실천적인 평지에서 엄밀함으로부터는 아무것도 꿈꿀 수 없다. 명시성이라는 악령이 있거니와, 거기에서 다만 예술의 법칙에 맞게 수행되고 문서로 공시된 서술의 영적 훈련exercitiones spirituales을 희생시킨 통로만을 찾을 수 있다.

순수한 서술묘사 연습의 시기에 들어선 자는 마치 흘러가는 삶의 시간으로부터 끌려나온 것처럼 일에만 몰두하게 된다. 그리고 현상학적 명상의 대상들은 사유하는 사람의 책상 위에 숭고한 정물靜物로 모이게 된다. 그것들은 이른바 현실세계로부터 소박하게 만나게 된 객체들이 더 이상 아니라, 지향성의 절대적 영상 속에 있는 모습들이다. 수행의 지속을 위해 기술하는 자는 죽음을 향해 살고 있는 생명을 찢어내는 시간으로부터 나와서 절대적 의식의 현재에 자신을 맡긴다. 현상학자는 그의 시력을 차용함으로써 매혹적인 만큼 의아스러운 과제를 감행한다. 이 과제는 천 번이나 보았으며 오래전부터 익히 알고 있던 바를 새롭게 주제로 삼은 것이다. 그것은 원초적으로 인지하는 순간에 창조적 의식으로부터 올라오듯이 불시에 들이닥친다. 후설은 그에 앞선 어떤 사상가와도 달리, 사유와 기술記述의 통일을 행동상의 종합으로 이끌었다. 그에 있어 글쓰는 책상은 그 책상 곁에 진정한 철학자가 자리를 잡고 앉아 있는 한, 본질세계에 이르는 창문이다. 바라보는 일과 글쓰는 작업은 여기서 한 점에 모이는, 즉 수렴收斂하는 활동이다. 지칠 줄 모르고 부단히 연습을 하면서 글쓰는 손으로 '현상학적 바라봄'을 기록하는 일은 그의 필적의 핵심을 그대로 드러낸다. 기술하는 이성의 행위로서 수행되는 철학은 근본적으로 지혜의 사무실Bürosophie로 밝혀진다. 그것은 자연이 처한 입장과는 하직을 고한 지성의 활동으로서 작업을 하게 된다. 냉정한 황홀경 속에서 자신이 기술한 것에 빠져드는 철학자가 앉아 있는 의자는 바라보며 앉아 있는 자의 담지자擔持者이다. 사유하는 자의 펜대로부터 원래의 증거를 밝히는 잉크가 흘러나온다. 증거를 나타내는 자획 혹은 필적은 종이 위에 스쳐간 빛처럼 생생한 직관을 꽉 쥐고 있다. 자신이 글쓰는 고유한 책상은 명상가가 자리를 함께 한 전체로서의 세계를 거기에 멈추게 하고 있는 곳이다. 특히 무엇이 일어났는가에 대한 주제화를 위한 탁월한 무대로서 철학자의 글쓰는 책상은 선험적인 전망대가 될 것이다. 다만 서둘러 내린 이성의 잘못된 판단에 대해 수정하는 과정이 책상에서 이루어진다. 이 과정에서 현상학은 통속적인 상대주의 및 심리주의가 말하는 본질의 맹목성에 반하여 판단을 내린다. 과학적 객관주의가 빠져들기 쉬운 주관성의 맹목성에 대해서도 마찬가지이다. 마지막 법정에서 현상학자의 글쓰는 책상은 제단祭壇이 된다. 그것은 절대적인 것을 순수하게 담당하는 자로서의 사유자가 복무하는 곳이다. 여기서 철학자는 명백한 신의 대리인으로서의 직무를 지정받게 된다.

그럼에도 보편적 자각을 위한 현상학자의 글쓰는 책상으로의 귀환은 전체적으로 근대세계의 진행방향을 바꾸지는 못했다. 보다 높은 권력에 의해 움직이는 근대의 과학적–기술적 진화는 그 주된 경향에 따라 자연주의[57]와 상대주의의 점점 더 포괄적인 상황에 도달하고자 노력했다. 존재자의

---

[57] 역주–유물적 실증적 기계론을 가리킴.

현상학적 파수꾼은 신의 눈을 갖고서 선험적인 세계관을 훈련하는바, 다음과 같은 탐구의 과정에 의해 점차로 한계를 벗어나 넘치게 됨을 알게 된다. 즉, 탐구의 과정이란 근대문명을 통합적인 기술공학적 자연주의를 향하여 이끌어 가는 것이다. 이미 동시대의 무의식의 심리학은 세계를 구성하는 무의식의 행위에 관한 통합과학의 프로젝트를 전복시켰다. 그리고 무의식의 심리학은 비로소 올바르게 사이버 기술공학의 발전과 세계화된 자본관계의 발전으로부터 무의식과는 관계없는 존재양태의 지배하에 있는 사실들의 새로운 세계를 성장시키게 되었다. 점점 더 근대의 생활세계는 의식에게 단지 피상적인 것만을 제공하는 기술적 객체에 의해 수행되었다. 그러한 접촉과 표시와 외관은 ─그것을 사용하는 자들이 고도의 복합적인 장치를 얻게 하는─ 그 말의 특별한 의미에서 거의 현상으로 파악되지 못했다. 왜냐하면 현상의 내부에서 현상의 본질이 등을 돌리는 것이 현상의 특징이기 때문이다. 기술적으로 본질적인 것은 의식을 향해 더 이상 현상으로서 눈앞에 나타나는 것이 아니다. 기술적인 환경에 직면하여 현상학은 기술 이전의 세계를 철학적으로 유언하는 것처럼 두드러지게 한다. 후설의 가장 완고한 제자인 마틴 하이데거는 많은 면에서 스승에게 충실하지 못했다고 하겠는데, 그에게 기술技術은 형이상학적으로 의심스런 위대함으로 남아 있었다. 하이데거는 기술에서 현상학적 과오의 모습을 지각했으며, 현상학적 오류 발생을 인식했다. 후설과 마찬가지로 하이데거의 사유에서 다음과 같은 점을 추론할 수 있다. 즉, 기술철학은 사유와 존재의 일치의 우위라는 옛 유럽의 관행에 따르는 이론의 기반 위에서는 이루어질 수 없다는 것이다. 현상학적 관점이 지닌 획기적인 암시적 힘에 관해 물론 오늘날의 —동시에 기술적 세계의 토대론을 출발시켰던— 체계이론이 간접적인 증거가 될 수 있다. 체계이론에서 선험적 주체는 관찰된 관찰자의 얼굴로 변형되며 집요하게 되풀이된다. 체계이론적 사유에 시의적절한 특징은 도대체 기술에 적합한 후설의 동기를 계속 기록하는 것이라고 밝히고 있지 않는가? 후설의 저술 —이성의 영웅주의를 새롭게 깨우치고자 하는 고립된 외침이 우연히 끝나지 않은 저술— 은 그 원래 모습에서 유럽의 합리성 문화의 위대함과 제한을 활발하게 회상하고 있다.

비트겐슈타인
Wittgenstein

　루트비히 비트겐슈타인Ludwig Josef Johann Wittgenstein, 1889-1951이
란 이름은 철학자가 죽은 지 50년도 채 안 되어서 ─마틴 하
이데거처럼─ 20세기의 지성적 신화에 속하게 되었다. 물
론 비코Giambattista Vico, 1668-1744가 시민철학과 수도사의 철학을
구별한 것이 프랑스 대혁명 이래로 쇠잔해진 것처럼 보였을
때도 그랬다. 요컨대 사람들은 이러한 차이를 비트겐슈타인
때문에 다시 한 번 활성화하려는 경향이 있다. 정치 철학과
투쟁적 환상의 시대 한가운데에 있는 비트겐슈타인 현상이
은거하면서 세상과 거리를 두는 태도에서 사유의 새로운 발
발이 아닌 다른 것을 어떻게 의미할 수 있었겠는가? 시민문

화의 도덕적 중심에서 수도승의 분위기를 풍기는 계기로 생각지도 않게 되돌아온다는 것은 나중에 빛나고 있는 비트겐슈타인의 저술들의 마력과 강직한 그의 생애의 후광에 속한다. 그 어느 누구보다도 그는 평범한 상태의 총체성으로부터 지성적 엘리트의 도덕적 분리를 증명하였다.

인간이란 극복되어야만 할 어떤 무엇이다. 이러한 확신은 제2차 세계대전 이전 비엔나 교육계의 선택된 자들에게서 그 니체적 혹은 생철학적 형태로만 드러날 수 있었다. 그뿐만 아니라 그것은 어떤 시민적 성자숭배의 형식으로 정당화되었는데, 그 성자숭배 한가운데 예술적·철학적 천재의 형상이라고 볼 수 있는 인물이 떠 있었다. 그 형상에 중요한 것은 애매함과 범용함에서 해방시키는 일이다. 엄청 까다로운 한 청년에게 치욕적인 일상의 굴욕에서 계몽된 직책의 고지대로 가는 길을 보여주는 과제가 거기에 부과되었다. 그 천재에게 있어서 위대함은 의무로 되었고, 자아극복은 불충분한 현존재의 최소조건으로 되었다. 젊은 비트겐슈타인에게 있어서 이것은 "인간이란 동물과 논리학자 사이에 팽팽히 놓인 밧줄이다."를 뜻하였다.

비트겐슈타인의 일생이나 사유의 역사는 세계 내에서의 자신의 위치와 그 세계의 한계에 처해 있는 자신의 위치를 해명하려는 지성인이 겪은 고난의 역사이다. 동료 철학자들이 그들의 엄밀하고 힘든 아우라로 여겼던 것은 오성을 잃지 않으려고 끊임없이 자신의 질서원리에 집중할 필요가 있는 사람에게는 아주 절박한 것이었다. 존재의 경계인으로서 철학자는 비록 문장 속의 한 단어의 정확한 적용에 대해 생각할 때도 세계 전체의 덩어리를 다루는 것과 다름없다. 그에게는 질서를 지닌 세계가 두 문장 사이의 빈틈 속에서 사라질 수도 있을 것처럼 여겨지는 것이다. 이렇듯 그에게 있어서 사유는 불분명한 괴물 속에 흩어져 있는 형식상 분명한 섬들 사이를 항해하는 행위가 되고 있다. 실제로 비트겐슈타인은 개별 문장으로 된 저술을 남긴 사상가이다. 그를 부정합의 순교자로 만들었던 것은 지독하게 유별난 그의 세밀성의 욕구이다. 비트겐슈타인 스스로가 고통스럽게 의식했던 것은 자신이 일종의 로드Lord-찬도스Chandos-노이로제Neurose[58]라는 낱말들 속에서 세계연관을 주장하고 이 연관관계의 주장을 믿는 능력의 장애로 고생을 했다는 사실이다.

일생 동안 비트겐슈타인은 실질적 "텍스트"를 지속되는 언사의 의미에서 파악하려는 시도를 하였으나 좌절하였다. 그는 접속법이나 문장결합의 어려움을 그 이전의 어느 철학자들보다도 민감하게 느꼈다. 또한 일생 동안 그를 가장 심하게 동요시켰던 바는 사태의 서술로부터 윤리적 문제로 넘어가는 것이 불가능하다는 것이었다. 그의 메모들은 연관된 텍스트 속에서 세계를 생성하기 이전에 생성 앞에서 보인 분명한 망설임의 기념비이다. 그 극단적 근대성 혹은 현대성에서 그의 저술들은 둥근 우주와 유려한 산문 간의 유비類比가 흔들리고 있음을 밝혀준다. 그러나 바로 비트겐슈타인은 더 이상 자칭 체계철학자나 총체성철학자이길 원치 않았기 때문에, 그는 마치 지엽적 생활유희와 그 규칙들로 된 잡동사니를 발표하도록 운명적으로 예정된 것처럼 보였다. 그의 언어유희론이 현대와 현대 이후 다원론의 막강한 논증으로 발전한 것은 우연이 아니었다.

---

58 역주-오스트리아의 시인이자 극작가인 호프만스탈(Hugo von Hofmannsthal, 1874-1929)이 쓴 에세이 『찬도스경(卿)의 편지』(1901)에서 보인 찬도스 경이 겪은 여러 심리상태를 말함.

오늘날 비트겐슈타인 수용의 파도를 되돌아볼 때, 영국 지성계를 강타했던 저 비엔나 원조가 지닌 역사적 의미는 적어도 다음과 같이 언급될 수 있을 것이다. 즉, 그는 선비판적 경험론자들로 하여금 세계가 어떠한가가 아니라 세계가 있다는 점에 대해 놀라게 함으로써 앵글로-아메리카 세계를 존재론적 차이라는 망상을 통해 접목시켰다고 하겠다. 동시에 그는 대륙철학을 분석학파의 환경에서 찬란한 결과를 불러왔던 엄밀함의 양식을 지닌 사유로 전염시켰다. 이 학파는 어느덧 처음 면역반응 국면을 극복한 듯이 보였다. 앨런 재닉Allan Janik, 1941- 과 스티븐 툴민Steven Toulmin, 1922-2009[59]의 고전적 연구인 "비트겐슈타인의 비엔나Wittgenstein's Vienna" 이래로 유약한 자들은 마술적 고독자의 자극을 건전하게 대하는

---

[59] 역주–앨런 재닉은 미국 매사추세츠 치코피에서 태어나 빌라노바 대학교, 성 안셀무스 대학교, 브랜다이스 대학교에서 공부했으며, 라셀 대학과 웨슬리 대학에서 철학과 사상사를 가르쳤고, 오스트리아 인스부르크 대학교의 브레너 기록연구소의 연구교수를 거쳐 지금은 빈 대학교 철학부 명예교수로 있다. 스티븐 툴민은 영국 런던에서 태어나 케임브리지 대학교에서 공부했으며, 옥스퍼드 대학교와 멜버른 대학교, 리즈 대학교, 브랜다이스 대학교, 미시간 주립 대학교에서 철학과 사상사를 가르쳤으며, 서던 캘리포니아 대학교 철학과 교수를 지냈다.

입장을 취한다. 누가 이제 비트겐슈타인을 기이한 사유운동가의 대부로 선택해 인용할 사람이 있겠는가? 누가 여전히 그를 유럽 반성문화의 실증주의적 파괴자로 비하하겠는가? 의심할 바 없이 장래 지성의 후원자에 속하게 될 한 사상가의 진면목은 반동적인 일그러짐이 사라진 이후에 드러난다. 그 논리적 엄밀함과 인간적 일면성에서 비트겐슈타인이 보여 준 강렬함은 후대에 예측불가능한 영향력을 선사하고 있다. 그것은 비트겐슈타인 이후에 사유에 눈을 뜬 모든 사람들에게 윤리적 물음이 안고 있는 곤란함을 증명해준다. 어떤 순교학적 혹은 증명제시적 이성비판 —따라서 타당한 윤리학— 을 저술할 수 있게 된다면, 그 속에 결정적인 한 장章이 비트겐슈타인이라는 사람에게 헌정되어야 할 것이다. 그는 부담을 안고서 품위가 무엇을 의미하는가를 다른 사람들보다 더 많이 알고 있는 자이며 동시에 생생하게 억압을 받고 있는 자이다. 공개된 작품이든 비공개 작품이든 그의 작품에 대하여 사람들은 반드시 자신과 자기 본연의 "훌륭한 삶"을 견지했던 놀라운 노력을 덧붙여 평가하게 될 것이다.

사르트르
Sartre

　장 폴 사르트르Jean-Paul Sartre, 1905-1980는 그가 죽은 1980년 4월 15일 이후 30년이 흐른 요즈음 이미 새로운 철학사와 문학사의 기념비적인 인물로 등장한다. 말과 책의 인물이라 할 그는 그의 선조들인 고전주의자들, 불멸의 확고부동한 저자들 대열에 합류하였다. 죽음만이 그가 젊어지는 것을 막을 수 있었던 것 같다. 우선 고전성은 끊임없이 자신에 거슬릴 수 있는 가능성을 그에게 가져다주었다. 그는 그 어떤 사람보다도 자신에 만족하지 못하는 자유를 사랑하였다. 철학자에겐 위험천만한, 그 자신에게나 그의 독자들에겐 매력적인 그의 생활태도는 끊임없는 도약이요, 이미 이루어진 것으로부터 벗어나는 일이었다. 작가로서 그는 언제나 새로운 것을 썼다. 그는 자신의 일에서나 낯선 일에서나 분석적 자서전의 천재로 알려져 있는데, 그는 어떤 의식 속에서도 인간이 과거를 지니기 위해 당당해야 한다는 점을 건드렸기 때문이다. 끊임없이 그는 역사의 무거움으로부터 벗어나는 것에 대해 숙고하였다. 자신을 세계확신으로 끌어 올렸던 예리함을 갖고서 그는 세계확신이란 것이 인간을 명예롭지 못하게 하고, 고되게 하며, 폐쇄적이고, 자기동일적으로 만든다는 사실을 간파하였다. 그의 철학은 외설적인 것, 일반인들에게 편리한 소외와 싸우는 것이다. 그는 현실 속에 고착된, 능수능란한 인간에 저항하여 싸운다. 중요한 것은 사물이 아니라는 점이다. 혁명은 옳은 것이다. 스스로 반항하는 자는 옳다. 인간이 자유롭다는 점에서 인간은 변명이 필요 없는 존재임이 드러난다.

전체적으로 고려해 볼 때, 사르트르는 오늘날 일련의 막강한 유럽의 자유철학에서 잠정적인 마지막 영웅인 듯 보인다. 청년 피히테가 주관성의 깃발을 독점하고, 자신의 생각으로는 완전히 죄에 빠진 그의 시대에 거슬려 조울적 도약을 제시한 이래로, 인간의 본질을 자유로 해석하는 사상가들의 사슬은 끊이지 않았다. 그의 선배들처럼 사르트르는 의식의 화실火室에 있는 인간을 점중하는 자기해명 때문에 점점 더 극단적 괴상함에 침잠하는 저 불안한 괴물로 파악하였다. 그에게 있어서 인간임이 뜻하는 바는 스스로를 활동적인 무無로, 살아가는 무근거 혹은 허무로 여기는 것이다. 주관이 심연 혹은 나락이라는 생각은 대부분의 그의 선배들이 이것을 발견했을 때보다 사르트르를 덜 놀라게 하였다. 심지어 과감했던 피히테도 무근거한 주관성의 제시를 결국 모든 것을 행하는 어떤 신성의 표현생활 속에 본래적 자율성을 정립함으로써 극복하려고 시도하였다. 낭만적 주관주의자들 중에서 반어법의 대가였던 프리드리히 슐레겔 Friedrich Schlegel, 1772-1829은 가톨릭 교회로 개종하였는데, 가톨릭 교회는 19세기 전반 이래로 새로운 무근거자 혹은 허무주의자들의 피난처가 되었다. 가톨릭 교회는 분명히 현대 바깥 세계의 냉혹함에서 벗어나려는 성장한 태아들의 안식처 역할을 즐거이 했다. 현대의 핵심이 되는 무명의 불합리한 자들 가운데 전위주의자들은 생활에 응용된 예술로 그러한 불합리를 시도하였다. 즉, 그들은 유행하는 양태에 따라 생활하고 처신하는 데서 발판을 마련하였다. 하지만 대다수의 무근거 유약자들은 국가, 사회 및 계급의 결속된 삶 속에서 안주하는 방법들을 추구하였다. 그들 중에서 가장 위대한 사람은 바로 철학자 헤겔이었다. 헤겔은 프로이센 국가의 고위관직을 윤리적 기구로 축하함으로써 생애에서 행복을 찾은 바 있다. 복구된 전체성을 사랑하는 수많은 사람들이 그를 따랐다. 그래서 많은 사람들에게 "악의 세기"는 국가봉사와 혁명봉사를 통해 지나쳐 갔다. 그토록 많은 전체주의자와 제단들, 다른 사람들은 뜨겁고 차가운 전쟁의 전선으로부터 도망쳤다. 결합을 추구하는 일이 근본주의적 충만함을 부추겨야만 했다는 사실은 당연히 이해된다. 200년 전부터 근대성 혹은 현대성은 단 하나의 문제가 여러 조각으로 나뉘어 상연되는 무대였다. 그것들은 모두 "자유로운 무근거자들이 어떻게 다시 확고한 관계를 얻게 되는가."를 뜻하는 것으로 볼 수 있었다.

사르트르에게 중요한 것은 바닥없는 무한한 자유의 삶을 사는 일이었는데, 그는 일생 동안 자신의 방식으로 그렇게 사는 데 충실하였다. 그에게 있어서 주관의 무無는 끌어내리는 심연이 아니라, 모든 것을 포함하는 것을 부정하는 힘에서 솟아오르는 원천이요, 충만함이었다. 여러 주관주의자들과는 달리 사르트르는 자신의 심연에서 편안함을 느꼈다. 의존이란 그에게 있어서 선택이 아니라 의무였다. 그가 앙가주망, 즉 참여라고 부르는 바는 다른 수단으로 이탈데가주망의 연속이었다. 그는 아무런 의심 없이 새로운 구속보다는 이탈의 자유를 우선시했다. 그는 그가 행해야 하는 모든 것을 거의 다 자발적으로 욕구하는 기술에 능통해 있었다. 그래서 그는 중요한 곳에서 강요에 이끌리지 않았다. 그의 어머니의 말씀인 "미끄러져라, 죽을 인생이여, 힘들어하지 말라!Glissey, mortels, n'appuyez pas!"는 그의 저술 가운데 여러 곳에서 인용되었고, 언제나 삶의 모토가 되었다. 사르트르가 마르크스 및 헤겔과 등을 돌려 결별하고자 시도했을 때, 무한히 우아한 그도 힘들어하기 시작했다. 마르크스주의자가 되고자 했던 모든 노력은 아주 힘든 이론적 희극으로서 그의 천재성이나 의식에도 맞지 않고 허락되지도 않는 일이었다. 결국 거의 끝에 가서 자기 스스로가 임상의가 되고자 했던 그는 엄청나게 생산적이었다.

"나는 정신적 의복을 벗어버렸지만 변절한 것은 아니다. 나는 여느 때와 같이 글을 쓴다. 그 밖에 내가 뭘 해야 하는가?"라는 그의 때늦은 고백만큼 감동적인 작가고백은 우리 시대에 없다. 아마도 그는 20세기의 가장 부지런하고 활동적인 철학 저술가였을 것이다. 덜 탁월한 인류에게 그가 지고 있다고 생각한 빚을 그는 높은 이자로 갚았다.

푸코
Foucault

　서구 철학의 전 역사가 플라톤에 대한 기나긴 각주脚註에 지나지 않는다는 영국 후기 관념론자 화이트헤드Alfred North Whitehead, 1861-1947의 언급에 대해 우리는 그의 이렇듯 유명한 무례한 언사를 반박할 필요가 있을지라도, 예외나 반증을 제시하는 것으로 만족하지는 못할 것이다. 결정적인 것은 어떤 사상, 그 전체 태도나 필법에서 플라톤 혹은 일반적으로 말해서 형이상학적 본질학이라는 전통유럽의 프로젝트에서 벗어난 어떤 사상을 제시하는 것이다. 사실 18세기 후반 시민사회가 성립한 이래로 사유방식의 그러한 혁명이 여러 번 고지되어 왔다. 밑으로부터 현실철학으로의 헤겔 좌

파적 전향 —그것이 노동인간학이든 유물론적 욕망론이든 혹은 실존주의이든— 과 더불어 극단적으로 변화된 철학의 양상에 대한 요구가 현대의 진행과정에 적절한 사유수단을 제시하기로 마음먹은 한 지성인의 계획에 있었다. 이와 같은 "밑으로부터"의 사유는 20세기 동안에는 외부의 사유로 극단화되었다. 플라톤주의에 대한 니체의 반전 이후에야 그리고 어떤 "다른 시작"으로부터라는 철학적 상념에 대한 하이데거의 새로운 취지 이후에야, 그 발생적 극極 형이상학적 본질론의 세력 안에서 나올지언정 사유가 다루어야 할 것이 무엇인가가 아주 확실하게 인식되었다. 여기서 문제의 핵심이 되는 사유는 엘레아적[60] 유혹에서 충분히 원기 발랄하게 벗어나서 완전히 무르익어 움직인 어떤 현존재의 모험에 맡겨지고, 선험적 주관성이나 어떤 절대적 개체라는 고전적 픽션으로 되돌아가지 않는 것을 양해하는 사유일 것이다.

---

60 역주- 엘레아 학파는 고대 그리스의 식민지 엘레아에서 발흥한 소크라테스 이전 철학 학파로서, 유일한 것으로서 변화하지 않는 존재를 추구하며 영원과 무한(無限)을 주장하고 더욱이 존재자(存在者)는 유일(唯一)이며 무형(無形)이라고 했다.

후기형이상학 혹은 형이상학 이후의 도전은 20세기에 일련의 특이한 대답들에 도전하였는데, 그중에서 몇몇은 아주 탁월한 투사들일 뿐만 아니라 대중적 반응과 아카데믹한 효과를 가져왔다. 여기서 우선 언급할 것은 상대주의적 신실용주의Neopragmatismus, 의사소통행위의 포스트 마르크스이론, 신현상학 학파의 몸 철학, 탈구조주의적 텍스트비판, 사회학적 체계이론 및 신 견유학파적犬儒學派的 일상의 미학 등이다. 이처럼 광범위하게 적용된 지적 실천의 배경 앞에서 푸코의 사유가 지닌 특별한 차이는 그의 엄청난 고집과 극단성에서 생겨난다. 신의 죽음에서 이끌어낸 귀결들이 '인간'에게 의미하는 것이 푸코에게서 비로소 완전히 알려졌다. 푸코에서야 비로소 플라톤에 대한 각주를 쓰지 않는 기술이 처음으로 대안적 고전성으로 전개된 듯 보인다. 그리고 이것이 그의 타오르는 지성을 통해서 철학적 탐구라는 사업에 아주 높은 가능성을 가져온 것도 사실이었다. 아마도 이와 같은 가능성은 다른 시대에는 필연적으로 일자一者에 대한 사유에 이상적인 지참금으로 작용될 수 있었을 것이다. 여기서 푸코라는 현상은 니체의 그것에 비교되는데, 니체의 경우에도 유사하게 플라톤적 고민들처럼 보이는 것들이 반反 플라톤적 문제들과 연결되었다.

특수한 것들이 감각의 통일 속에 숨어 있다는 모든 환상에 대해 아주 단호하게 등을 돌린 푸코의 사유는 그 형성 과정 중에 온전히 사유의 높이에서 교묘하게 진행된 일이 확신으로 귀결됨으로써 당당하게 자신의 각인들을 제시하게 되었다. 고백하건대, 그것은 니체, 블랑쇼Maurice Blanchot, 1907-2003 및 바타이유G. Bataille, 1897-1962가 이미 기원을 이루었던 시기로 되돌아간다. 이 작가들, 이 저술들, 이 저돌성은 푸코에게 있어서 현란한 제한들과 예리한 분석에 열려 있었던 당시의 감수성을 보증해 주는 것들이다. 그들은 독자들에게 망상을 심어주고, 소름끼치도록 놀랄 만한 것을 소개했던 사상가들이다. 하지만 젊은 철학자의 첫 출발에 어조를 부여한 것은 형이상학이 시학적 초현실주의로 승화되었기 때문만은 아니다. 장래의 새로운 역사가이자 고고학자인 푸코에게 있어서 관념론적 본질학이 구조주의로 변한 것도 결정적인 것이 되었다. 이 과정은 비교적 짧았지만 아주 중요한 시기에 프랑스 사상가들에게 인문학과 철학의 역사에서 우위를 부여했던 과정이라 하겠다.

철학적 사유가 후기형이상학으로 변화해가는 과정에서 결정적인 국면을 나타내는 이러한 반복불가능한 호경기에서만 후에 사람들이 푸코의 사건이라고 부르게 되는 것이 완수될 수 있었다. 디오니소스가 철학자가 되었다고 니체가 선언했다면, 푸코는 디오니소스는 문서학자가 되었다고 응대하였다. 정신병원, 수용소, 종합병원, 나중에는 감옥의 문서보관소에서 한 젊은 학자가 엄청난 양의 문서들을 분리하고, 지난 시대의 관청의 암울한 언어들에서 사건의 섬광을 감지해내는 일에 고무되었다. 이런 섬광에 관하여 후기 초현실주의의 문학존재론Literaturontologie은 자율적 시에 있는 언어의 존재방식을 고려해서만 취급해 왔었다.디오니소스적인 고고학자의 이러한 연구로 인하여 불타오르는 듯한 Flamboyanz 양식과 엄격함에서 나오는, 기념비적인 학식과 악명 높은 홍소가 하나로 종합되었다. 이것은 오늘날까지도 끊임없이 아카데미 세계를 교란시키고 동류의 지성인을 매료시켰던 바로 그 종합이다. 푸코가 행한 철학지식의 전복은 공식철학의 문제풀이로부터 등을 돌리고, '유물론적' 작업으로의 단호한 전향에서도 드러나고 있다. 초기엔 푸코를 거의 심리학자 및 문학비평가와 혼동하였고, 중기와 후기에는 거의 사회역사가와 성性을 다루는 학자로 혼동하였다.

비록 그가 인문학과 훈육을 실시하는 자들의 문서보관소에 파묻혀 있음에도 푸코는 아주 탁월한 철학자요, 그의 저술의 각 페이지는 개별학문들의 담론과 혼동할 수 없다. 더구나 그의 작품에는 조합이라는 의미에서 소위 철학의 근본문제에 대한 기여라든가 심지어 고전철학의 해석으로 읽힐 수 있는 텍스트는 하나도 없다. 동시에 푸코는 정통 형이상학적 사유의 우주를 직업적인 냉철함으로 주시하고 있다. 그는 어떤 사유의 수행이 실체, 주체 및 객체라는 낡은 카드놀이 저편에 도달하기 위해 피하고 극복하고, 삽입해야 할 것이 무엇인지 그 어느 누구보다도 잘 알고 있었다. "공간으로서의 세계, 원주로서의 나, 중심으로서의 신— 이것은 사유사건의 삼중 차단기이다." 이처럼 평온한 부차적 언급에 의하여 그는 현상학적 운동과 즐거운 마르크스주의적 사회철학에서 반反근대적 혹은 반反현대적으로 적응하고 있는 형이상학적 고전주의와 그가 보기에는 전적으로 지엽적이고 시대적인 담론증후와 권력증후를 면밀히 연구하는 데서 분절될 수 있는 다른 사상과 새로운 사상 간에 엄청난 거리를 두고 있다.

어떤 철학자가 그를 선험철학의 잃어버린 아들이라고 비난하였고, 많은 역사가들이 그의 연구를 거칠고 찬란한 역사소설로 여기듯이, 그는 짓궂으면서도 열정적으로 기록하였다. 학문의 양대 진영인 역사와 철학의 대표자들은 지속적인 진리에 자본을 축적하는 데는 관심이 없는 듯 보이고, 섬광들의 역사를 쓰려고 생각했던 어떤 사람처럼 무대에 등장한 이 사상가를 정렬하는 데 어려움을 겪고 있다. 푸코가 존재론적 의도를 지닌 것처럼 보였던 경우도 있다. 그는 실제로 진정으로 존재하는 모든 것은 원래 번득이는 순간이라고 주장하였다. 존재의 의미는 상태나 무시간적 본질보존이 아니라 사건이고 지평개방이고 잠정적인 질서의 현시이다. 독일의 숙련가이자 대가인 니체와 하이데거는 사건이라는 개념을 주로 종교적 명상에서 떠 있게 하였지만, 푸코에게 있어서는 사건철학적으로 정향된 "근본"연구가 시작되고 있는데, 이를 위해 그는 고고학이라는 약간 아이러니한 제목을 제시하였다. 그 원리와 의도를 어느 누구보다도 잘 이해하는 사람이 질 들뢰즈Gilles Deleuze, 1925-1995인데, 그는 "우연한 것의 보편사"라는 다행스런 공식으로 자신과 아주 가까운 의도를 의미심장하게 돌려서 표현하였다.

그러나 만약 인식론자이자 고고학자인 동시에 정치가이자 윤리학자 푸코가 없었더라면, 푸코의 철학자다움은 완벽하지 않았을 것이다. 그는 모든 철학의 핵심인 자유론을 새롭게 생각하며 접근하는 도전을 감행했다. 이는 소외이론이라는 철학적 해방신학의 스타일이 아니라, 개별자에게 자유로이 주어지고 스스로를 형성하며 유희하는 사건에 대한 학설로서 의미를 지닌다. 자신의 친구인 기독교적 칸트주의자인 모리스 클라벨Maurice Clavel, 1920-1979[61]의 죽음을 애도하는 추도문에서 푸코가 주목했던 것도 다음과 같은 그 본연의 시도가 지닌 명철하고 솔직한 특성으로서 읽혀진다. 즉, "그는 우리시대에 아마도 가장 중요한 것의 중심에 서 있었다. 내가 말하고자 하는 것은 서양이 역사에 의해서 그리고 시간

---

61 역주-프랑스의 작가이자 저널리스트이며 철학자.

에 따라서 차근차근 형성해 왔던 의식의 매우 포괄적이고 심각한 변화에 대한 것이다. 이 의식이 조직했던 모든 것, 그 의식에 연속성을 부여했던 모든 것, 그 의식에 완성을 약속했던 모든 것은 갈기갈기 찢어졌다. 어떤 사람들은 그것을 다시 주워 모을지도 모르겠다. 이에 반해 모리스 클라벨은 '우리는 시대 —심지어 오늘— 를 달리 살아야 한다. 무엇보다도 오늘을'이라고 말했다."[62]

---

62 M.Foucault, "Vivre autrement le temps". In: Le Nouvel Observateur, Nr.755, 30.4. -6.5. 1979, 88쪽. 여기에선 Dits et Ecrits, Bd.III., Paris, 1994, 790쪽에서 인용. 불어의 독역은 Wilhelm Miklenitsch.

| 인명색인 |

| 용어색인 |

[ㅇ]

208

Kant

Fichte

Wilhelm Friedrich Hegel

Friedrich Wilhelm Joseph vo

Schopenhauer

Søren Kierkegaard

Heinrich Marx

rich Wilhelm Nietzsche

Edmund Husserl

wig Joseph Johann Wi

Jean Paul Sartre

hel Foucault